LES
SALTIMBANQUES

OU

L'HONNEUR D'UNE MÈRE;

PAR

MAXIMILIEN PERRIN.

II

PARIS.
Charles Le Clere, Libraire-Éditeur,
A LA LIBRAIRIE DES CABINETS DE LECTURE,
Rue Gît-le-Cœur, n. 10.

1842

LES
SALTIMBANQUES,
OU
L'HONNEUR D'UNE MÈRE.

En vente chez le même Libraire.

H. DE BALZAC.

LE MÉDECIN DE CAMPAGNE, 2 vol. in-8°.
LE LIS DANS LA VALLÉE, 2 vol. in-8°.
LE PÈRE GORIOT, 2 vol. in-8°.
LE LIVRE MYSTIQUE, 2 vol. in-8°.
SÉRAPHITA, 1 vol. in-8°.
CÉSAR BIROTTEAU, 2 vol. in-8°.

MICHEL-RAYMOND.

HENRIETTE, 2 vol. in-8°
MARIA, 2 vol. in-8°.
SCANDALE, 2 vol. in-8°.
ALBERTINE, 2 vol. in-8.

MAXIMILIEN PERRIN.

LE BAMBOCHEUR, 2 vol. in-8°.
LA FEMME DU NOTAIRE, 2 vol. in-8°.
LES SALTIMBANQUES, 2 vol. in-8°.
LE MARCHAND DE CONTREMARQUES, 2 vol. in-8°.
LE CONDUCTEUR D'OMNIBUS, 2 vol. in-8°.
LA PERMISSION DE DIX HEURES, 2 vol. in-8°.

DINOCOURT.

LE SAC DE NUIT DE SIR ROBERT, 2 vol. in-8° ou 4 vol. in-12.
LA SORCIÈRE DES VOSGES, 2 vol. in-8°.
LE NEVEU DU CURÉ, 2 vol. in-8°.
UNE TÊTE MISE A PRIX, 2 vol. in-8°.

MÉMOIRES DU PRINCE DE TALLEYRAND, 4 vol. in-8°.
CLARA DE NOIRMONT, par madame Marie de l'Épinay, 1 vol. in-8°.
SOUVENIRS D'UN FANTOME, par Lamothe Langon, 2 vol. in-8°.
DEUX FRÈRES, par madame Niboyet, 1 vol. in-8°.
DEUX REINES, par Alfred Delille, 1 vol. in-8°.
LES SOLONAIS, par Léon de Buzonnière, 2 vol. in-8°.
FRÉDÉRIC ET LÉONIE, par A. Duval, 2 vol. in-8°.

On trouve toujours à la LIBRAIRIE DES CABINETS DE LECTURE, un assortiment considérable de romans anciens, nouveaux, au rabais, d'occasion, dépareillés, et généralement tous ouvrages nécessaires à la formation d'un cabinet de lecture.

LES
SALTIMBANQUES

OU

L'HONNEUR D'UNE MÈRE,

PAR

MAXIMILIEN PERRIN.

II

PARIS.
Charles Le Clere, Libraire-Éditeur,
A LA LIBRAIRIE DES CABINETS DE LECTURE,
Rue Git-le-Cœur, n° 10.
—
1842

CHAPITRE I.

Il y a dans les cours des apparitions de gens aventuriers et hardis qui se produisent eux-mêmes et qui sont crus sur leur parole.

Où un Homme de rien semble être quelque chose.

Quelques jours se sont écoulés depuis les derniers événemens, sans que Jasme ait reçu la lettre qui devait lui donner accès chez le comte Destival, sans même que Lanturlu ait reparu chez Colombe, quoique ce dernier ait annoncé une visite très-prochaine; et Jasme, impatient de se raprocher de sa belle Florence, peste et jure après un retard aussi funeste à son amour, sans s'inquiéter, l'enfant qu'il est, des affreux événemens qui se préparent, sans songer que nos amis les ennemis s'avancent sur Paris à grand pas; car alors, on était au 20 Mars 1814, année de funeste mémoire. Deux jours encore, puis Jasme et Colombe reçoivent une lettre, qu'à la suscription, ils reconnaissent pour être de Lanturlu, et, le cachet brisé, Jasme, plein d'impatience, s'empresse de lire ces quelques mots tracés à la hâte sur le papier :

« L'ennemi est à nos portes, le grand et sanglant drame touche à son dénouement; attendons, pour agir plus efficacement. Point de bal quand le canon gronde, cela se conçoit... Rien de perdu, l'avenir sera beau; quant à moi, je m'éclipse quelque temps, pour reparaître plus brillant, plus fort que jamais! Donc, à bientôt! Confiance et courage ! Lanturlu. »

— Comprends-tu quelque chose à tout cela, Colombe ?

— Rien du tout, et cependant j'ai confiance et j'augure favorablement de l'adresse et de la protection de ce Lanturlu.

— Et moi, reprend Jasme, j'ai peur qu'il ne se moque de moi.

— Ingrat! les cinquante mille francs dont il t'a fait présent si généreusement ne sont-ils pas une preuve convaincante de sa sincérité à ton égard, de son dévouement à ta personne?

— En effet, sœur, tu as raison; plus, j'étais un sot d'attendre avec tant de bonne foi l'invitation à un bal qui, s'il avait lieu, serait une insulte au malheur du pays.... Oh! non, point de danse en cet instant de deuil, lorsque des hordes barbares envahissent notre belle patrie; mais du fer, du fer pour défendre Paris !

— Quoi, Jasme, songes-tu donc encore à te faire soldat? s'informe Lucien Dastrel, qui a entendu les dernières paroles du jeune homme, en entrant dans le salon où se tenait l'entretien.

— Soldat volontaire, afin d'aider à repousser l'ennemi, s'il osait se présenter sous les murs de Paris! répond Jasme avec feu.

— Frère, oublies-tu donc Florence, les promesses de Lanturlu, pour vouloir t'exposer aux chances des combats?

— Florence ne m'en estimera que mieux, si elle apprend que je ne suis pas un lâche... Et toi, Lucien, ne viendras-tu, s'il est besoin, faire le coup de fusil avec moi contre ces chiens de Prussiens?

— Moi, je suis avocat, et non soldat; or

je ne me bas qu'avec la langue et la plume, répond le jeune homme en souriant.

— A chacun la liberté d'agir selon sa conscience, Lucien, et la mienne m'ordonne de me joindre, en ce pressant danger, aux braves qui défendront la capitale. Dix jours après ces paroles dites par Jasme, le 30 mars 1814, enfin, le canon se faisait entendre, et deux cent mille soldats étrangers couvraient l'immense plaine Saint-Denis ; le maréchal Moncey sortait de Paris avec six mille gardes nationaux, et Jasme, plein d'ardeur, se joignait aux élèves de l'École Polytechnique et d'Alfort, chargés de la défense des buttes Saint-Chaumont; et de cette position terrible, notre héros secondait les jeunes braves à envoyer la mort à dix mille hommes ennemis. Une journée entière passée à combattre, puis les mots honteux de trahison, de capitulation circulent dans l'armée, et viennent résonner aux oreilles de Jasme; le jeune homme, découragé, se rappelant les prédictions de Briolet, rentra dans Paris harassé de fatigue, l'âme brisée et le corps légèrement blessé. Quelques jours encore, et le comte d'Artois faisait son entrée dans Paris le 2 avril.. Ce fut alors que les hommes superficiels, les girouettes, les machines à jouissance, agitèrent leurs mouchoirs blancs aux fenêtres, en criant : Vivent les Bourbons! cela au son des musiques étrangères, exécutant le vieil air de Vive Henri IV! bonhomme de roi, grand amateur du cotillon, lequel faisait pendre ses sujets, lorsque ceux-ci s'étaient permis de tuer un lapin sur ses domaines royaux. O bon roi!!! sage monarque!!! Mais voici arrivé le 2 mai ; et pour le développement de cette véridique histoire, transportons-nous à l'ancien château royal de Saint-Ouen, qu'habitait ce jour Louis XVIII, dit le Désiré, gros bonhomme plus malin qu'on ne le pensait être alors, et tout occupé en ce moment à donner audience et à recevoir les plates félicitations d'une foule de plats courtisans, tandis que ses valets époussetaient ses habits des dimanches et ciraient ses bottes neuves, pour son entrée du lendemain dans sa bonne ville de Paris. Une immense antichambre, encombrée par une cohue bizarre de grands et petits émigrés, tous venus en croupe derrière les cosaques, prêtres violets et noirs, comtes, marquis, chevaliers; débris de la chouannerie, intrigans titrés, vieux et laids, à la figure jaune et ridée, aux regards insolens, à la mine grotesque. Un battant de la porte du salon royal venant à s'ouvrir, un huissier se présente et appelle à haute voix : Monsieur le marquis de Volnis! A ce nom, Lanturlu, vêtu magnifiquement, fend la foule, et se présente à l'huissier, qui l'introduit près de sa majesté. Louis XVIII, assis près d'une fenêtre, et en compagnie seulement d'un de ses courtisans, accueille Lanturlu avec un sourire affable, l'examine, puis lui fait signe d'approcher, ce que ce dernier s'empresse de faire avec respect.

— Enchanté de voir en vous, monsieur, le fils de mon bon et ancien ami ce cher de Volnis; croyez que ma peine fut amère en apprenant, dans l'exil, la perte d'un de nos plus zélés serviteurs, de votre père enfin, mort sur l'échafaud pour notre cause. Je prétends tenir compte au fils du dévouement du père; parlez, marquis de Volnis, qu'exigez-vous de notre reconnaissance et gratitude?

— Sire, l'honneur de vous servir, d'être attaché à votre personne, n'importe sous quel titre il vous plaira de m'admettre, répond Lanturlu.

— Avez-vous de la fortune, monsieur?

— Non, sire; mon père, ayant dépensé la sienne à soutenir votre cause, me laissa pauvre et orphelin.

— Avez-vous servi Bonaparte ?

— Non, sire ; mon dévouement pour votre famille m'a toujours fait une loi de repousser les offres avantageuses que me fit l'usurpateur.

— Comte Destival, ce que dit le marquis, en ce moment, est vrai; son père m'a rendu des services importants, et que je n'ai pu oublier, dit le roi, au seigneur qui est présent.

— Heureux, sire, ceux qui ont eu le bonheur d'être utiles à votre auguste personne ; car vos bienfaits leurs sont acquis, répond le comte Destival en s'inclinant devant le monarque de fraîche date.

— Marquis de Volnis, nous ne savons encore par quelle faveur il nous sera possible de s'acquitter envers vous ; mais laissez au torrent le temps de couler, et nous penserons à vous; en attendant, suivez notre cour aux Tuileries, car nous ne pouvons trop nous entourer d'amis sincères et dévoués, répond le roi, en faisant à Lanturlu, qui se retire, un salut de la main. Le lendemain de cette audience, le 3 mai 1814, le saltimbanque Lanturlu, monté sur un magnifique cheval, accompagnait Louis, dit le Désiré, à son entrée dans la capitale, mêlé à une foule de hauts, puissants et stupides seigneurs, qui se pressaient autour de la calèche royale.

CHAPITRE II.

Qui compte sans son hôte compte deux fois.

CHAPITRE II

Une Charge à la Cour. — Un Mariage manqué.

Un vaste hôtel situé rue de Grenelle-Saint-Germain ; dans cet hôtel, un riche salon où, à la lueur des bougies et autour d'une table, deux femmes s'occupent, en silence, d'un travail à l'aiguille. Ces femmes sont belles et délicates ; l'une paraît être âgée de trente-cinq ans au plus, l'autre de dix-huit ; leur mise est d'une élégante simplicité. Chez la femme âgée, les traits, quoiqu'annonçant la santé, sont empreints d'une forte teinte de mélancolie ; ceux de la plus jeune, d'une grande pâleur et du charme d'un doux sourire. Plus loin, dans l'ombre, et couché sur un divan soyeux, un homme d'une cinquantaine d'années, grand, maigre et aux regards sévères, occupé à parcourir un long journal. La porte du salon s'ouvre, un valet entre pour annoncer M. le marquis de Volnis.

— Qu'il soit le bien venu ! répond le grand monsieur en se relevant aussitôt, puis, s'adressant aux deux dames :

— Mesdames, ajoute-t-il, je vous engage à recevoir de votre mieux le marquis de Volnis, personnage important, à qui sa majesté le roi de France a fait dernièrement, à Saint-

Ouen, et en ma présence, un accueil des plus flatteurs. Et les dames de répondre à cette recommandation par un sourire approbateur et l'abandon de leur ouvrage. La porte s'ouvre de nouveau, et, d'un pas assuré, la tête haute, paraît M. le marquis de Volnis, vers qui s'avancent, avec empressement, M. et Mme la comtesse Destival, ainsi que la belle Florence, leur nièce.

— Ne vous dérangez pas, noble comte, et vous, mesdames, veuillez recevoir, sans nulle cérémonie, la visite toute amicale de votre tout dévoué serviteur. Ainsi s'exprimait Lanturlu, tandis que la comtesse Destival, qui le recevait pour la première fois, pâlit, et, sentant ses jambes fléchir sous elle, se trouve forcée de s'appuyer sur le dossier d'un siége afin d'éviter une chute. Un valet avance des siéges ; Lanturlu s'asseoit près de la comtesse, dont les yeux se tiennent constamment fixés sur lui, avec surprise et effroi.

— Combien, mesdames, je rends grâce à l'estime dont m'honore le noble comte, puisqu'elle me permet, en ce jour, de vous présenter mes hommages respectueux et de faire votre aimable connaissance, dit Lanturlu, du ton le plus gracieux, et se développant avec aisance et belles manières sur le siége où il s'est placé.

— Marquis, venez-vous de la cour? Comment se porte notre bien-aimé roi, que ma maudite goutte m'empêche de visiter depuis quelques jours? s'informe le comte.

— Le roi va bien, Dieu merci! ce dont sa royale bouche m'a assuré elle-même ce matin, en me confiant ce papier important, avec ordre de le remettre moi-même en vos propres mains, répond le marquis, en présentant au comte une lettre sous enveloppe et cachetée du sceau royal.

— Donnez, donnez, marquis ; j'admire fort la confiance que place en vous sa majesté, confiance qu'annonce le dépôt en vos mains, d'un papier d'une si haute importance, dit le comte, en s'emparant de la missive et la serrant aussitôt dans sa poche ; puis, reprenant, après avoir jeté les yeux sur sa femme : Qu'avez-vous donc, madame? vous semblez agitée, une pâleur mortelle couvre vos traits.

— En effet, madame semble être indisposée, fait à son tour Lanturlu.

— Non... non, messieurs... je n'ai rien... je suis bien! répond la comtesse avec difficulté et en s'efforçant de sourire.

— Mademoiselle est sans doute votre charmante nièce, dont on vante, en tous lieux, l'esprit, la grâce et la beauté? s'informe le visiteur en fixant la jeune fille, qui rougit et salut avec modestie.

— Oui, marquis, c'est ma Florence, l'enfant de notre adoption.

— Permettez, comte, que je vous félicite sur un aussi beau choix, une aussi précieuse possession.

— Vous êtes galant, marquis; en vous on reconnaît cette courtoisie de haute et franche noblesse, celle, enfin, qui va régner désormais à la cour brillante de notre monarque bien-aimé, dit le comte en souriant. A ce compliment, Lanturlu sourit et s'incline.

— Marquis, que dit-on de l'empereur? Comment passe-t-il son temps, à l'île d'Elbe? s'informe le comte.

— Qu'il se porte à merveille et continue à trancher du souverain.

— Infortuné! loin de sa femme, de son

enfant, abreuvé d'insultes, qu'il est à plaindre et doit souffrir! reprend le comte.

— Quoi, seriez-vous assez bon pour plaindre cet homme?... interroge Lanturlu avec surprise.

— Oui, marquis; quoique royaliste et dévoué aux Bourbons, je ne suis pas l'ennemi de Napoléon, que j'estime, que j'admire, et qui, sous son règne, daigna vouloir m'appeler à lui, et m'honorer de sa confiance... Fi de l'homme que son opinion aveugle et qui n'accorde au malheur nul mérite, nulle pitié! Et Lanturlu, à cette réplique de M. Destival, de se mordre les lèvres jusqu'au sang, afin de se punir, sans doute, d'avoir maladroitement froissé la pensée de l'homme qu'il veut encenser.

— Je respecte votre opinion, comte; mais la mienne ne peut pencher en la faveur d'un homme dont le règne fut pour moi une longue source d'infortune.

— Marquis, j'espère que vous nous ferez l'honneur d'assister au bal que nous donnons dans cinq jours, afin de fêter le retour fortuné de nos princes? interroge le comte, voulant donner un autre tour à la conversation.

— J'ai déjà reçu votre aimable invitation, et je me ferai un devoir, un plaisir, de m'y rendre; plus même, je vous demanderai la permission d'y amener mon neveu, Léon Dormer, jeune homme charmant et plein d'avenir, que je désire vous présenter.

— Amenez, mon cher marquis, ce sera un plaisir pour nous de bien le recevoir. Encore un long entretien, où la comtesse et Florence ont gardé un absolu silence, la dame se contentant de jeter sur Lanturlu de nombreux et inquiets regards, mais à la dérobée.

La dixième heure du soir, et Lanturlu se retire, reconduit par le comte jusqu'aux antichambres, cela après avoir salué gracieusement les dames et reçu de leur part un adieu poli, mais froid.

C'est vers le château des Tuileries que court Lanturlu, au château, où il pénètre sans difficulté, où bientôt il est introduit, par un valet, auprès d'une des principales puissances de l'époque.

— Eh bien, quoi de nouveau, de Volnis? s'informe ce personnage, en se penchant nonchalamment sur le siége moelleux où il est assis, et fixant attentivement Lanturlu.

— Que tout va bien, que je suis en cour le marquis de Volnis, grâce à vos conseils, monseigneur, et que le roi m'honore de sa bienveillance, pour le moment.

— Il faut agir en sorte que cela dure toujours, si vous tenez à faire votre fortune.

— Ce dont j'ai le plus pressant besoin, monseigneur, et ce qui, jusqu'alors, n'en prend guère la tournure; car depuis que je hante les seigneurs et la cour, je n'ai encore ressenti les effets palpables de leur générosité, et me vois forcé de vivre d'emprunts.

— Patience, mon cher, cela viendra.

— Je le pense, monseigneur, ce qui n'empêche pas qu'en ce moment je sois dans la position critique de Gilblas de Santillane chez le duc de Lerme, c'est-à-dire comblé d'honneur et de misère. A ces mots, l'important personnage laisse échapper un long éclat de rire, ce qui d'abord déconcerte Lanturlu, lequel, se remettant aussitôt, reprend ainsi :

— Monseigneur, je consens volontiers à devenir, sous vos ordres, l'espion du pavillon Marsan et celui de la cour; à exercer un emploi qui est loin d'être honorable et dans mes goûts; je consens en plus, et ainsi que vous me l'avez conseillé, pour être à même de frayer avec la haute noblesse et avoir chez elle mes grandes et petites entrées, de passer, même aux yeux du roi, pour le fils d'un comte de Volnis, que je n'ai jamais connu, lequel a rendu, à ce que vous me dites, d'importants services à sa majesté ; mais en récompense de tant de dévouement à votre personne, ou à la cause politique, je veux être grassement récompensé, et le plus tôt sera le mieux.

— Peste! monsieur, vous exigez vite, avant même d'avoir fait preuve de capacité, répond le personnage avec humeur.

— Monseigneur a donc déjà oublié que le roi le complimenta dernièrement sur son adresse à découvrir et déjouer certaines intrigues et ambitions princières, lorsque moi seul avais tout su, tout fait manquer par mon habileté et mes rapports..... Croyez-moi, monseigneur, par trop de lenteur à récompenser mes services ne vous privez pas d'un homme aussi nécessaire que moi à vos intérêts ; il est dans vos attributions des missions, des recherches, des secrets d'une si haute importance, qu'il serait dangereux pour vous d'en charger un autre moins adroit, moins discret que moi, sous peine d'être aussitôt dépisté et disgracié. Songez qu'il y a, dans les fonctions dont vous surcharge la confiance du roi, mille mauvaises occasions à désavouer en cas de surprise, et qu'il est utile, important pour votre sûreté, d'avoir en ma personne une espèce d'endosseur, de gérant responsable tout prêt à se charger des fautes et bévues qui pourraient vous compromettre et attirer sur votre tête la colère de divers personnages si haut placés, que toute la protection du roi serait même insuffisante à vous garantir de leur vengeance.

— Assez! Qu'exigez-vous? dit le personnage en interrompant brusquement Lanturlu.

— De l'argent, afin d'être à même de soutenir le titre que je porte, l'emploi que vous m'avez confié.

— Tenez, prenez d'abord ce portefeuille, vous y trouverez cent billets de mille francs, ils sont à vous; maintenant, continuez à nous servir avec zèle, discrétion, et votre fortune sera faite en peu de temps.

— J'en accepte l'augure, monseigneur; ordonnez, je suis dévoué de corps et d'âme, répond Lanturlu, en s'emparant du portefeuille que lui présentait le haut personnage, et le mettant dans sa poche.

— Avez-vous ce soir visité quelques-uns de nos messieurs de la cour?

— Oui, monseigneur, monsieur le comte Destival.

— Un de nos dévoués, et que sa majesté considère fort, quoique Destival ait été flatté par l'usurpateur, ce qui aurait dû prévenir le roi contre lui. Cependant il n'en est rien ; malgré cela, Volnis, je vous engage à fréquenter le comte, à vous assurer si cet homme mérite réellement l'intérêt que lui porte sa majesté.

— Je n'y manquerai pas, monseigneur, quoique d'avance je puisse vous assurer que les Bourbons n'ont pas de serviteur, d'ami plus dévoué que le comte Destival.

Quelques instants encore d'entretien, et Lanturlu, congédié par l'important personnage, quitte les Tuileries pour se faire conduire faubourg du Roule, à l'hôtel de Boniface Piman, l'ex-fournisseur des vivres, où il n'a pas cessé d'habiter, ainsi que Chichotte.

A peine Lanturlu était-il rentré dans son appartement, où il se disposait à se mettre au lit, après avoir enfermé précieusement son riche portefeuille, qu'un coup frappé sur la porte de sa chambre à coucher la lui fit ouvrir à Flouac.

— C'est toi? que me veux-tu à cette heure? interroge Lanturlu, en voyant le Gascon pénétrer dans la pièce et s'y installer sur un siége.

— Cadédis! mé plaindre dé tes continuelles absences, et dé cé qu'il n'est plus possible dé jaser avec un ami intime, sandis!

— Ignores-tu donc, Flouac, que, rentré dans mes droits et titres, grâce à la restauration, le service du roi auquel je suis attaché, occupe tous mes instants?

— Superbe! capédious, superbe! vive l'intrigue et l'audace! grâce à elle, té voilà mar-

quis pour dé bon, et en faveur à la cour;
jé né sais trop comment, par exemple !

— Le roi a fait droit aux justes réclamations que je lui ai adressées, et a daigné récompenser en moi les derniers services que lui rendit mon père, le marquis de Volnis, lors de la révolution.

— A d'autres, sandis ! à d'autres, dé telles balivernes, mon cher ! cé qui né m'empêche pas dé mé prosterner dévant ton génie adroit et inventif, toi, pauvre prolétaire sans naissance, ni maille, qui, en moins d'un rien dé temps, té fait marquis et sauteur dé cour.

— Est-ce là ce dont tu désirais m'entretenir; alors, va-t'en, et laisse-moi dormir en paix.

— Té coucher, sandis ! tu n'as garde, j'espère, en apprenant qué cette nuit lé gros Boniface, cé perfide ami, a lé projet dé s'introduire dans la chambre et lé lit dé notre innocente Chichotte.

— Quoi! ce vieux Crésus persiste dans sa séduction ? fait Lanturlu en riant.

— Plus qué jamais, grâce à mes conseils, et en vertu de tes ordres, que j'ai suivis scrupuleusement.

— Et c'est cette nuit que le vieux scélérat prétend employer la surprise et le viol pour satisfaire sa passion brutale?

— Cette nuit même, à deux heures précises, il s'introduit près dé Chichotte endormie, par la petite porte dérobée dont il s'est emparé de la clé.

— Il est grand temps alors de voler au secours de l'innocence en danger, car dans cinq minutes la deuxième heure de la nuit va sonner, répond Lanturlu, après avoir fixé la pendule, et en remettant son habit, qu'il avait ôté.

— Surtout, démande une grosse somme en réparation dé l'insulte, en sus dé la promesse dé mariage, qu'il né faut pas oublier.

— Et toi, songe à bien jouer ton rôle, en feignant de t'opposer à mon introduction dans la chambre, puisque tu es chargé par le séducteur de garder les issues du sanctuaire amoureux, et d'en éloigner les profanes.

— Sois tranquille, sandis! jé fairais lé brave, lé rodomont, et crierai comme si tu m'éreintais dé coups.

— A propos! Chichotte est-elle prévenue?...

— D'après mes conseils, la pétite féra semblant dé dormir, et laissera lé séducteur sé glisser à ses côtés avant dé sé fâcher.

Et au moment où Lanturlu et Flouac se séparaient après avoir causé ainsi, Boniface Piman, d'un air décidé et mauvais sujet, le sourire de la satisfaction sur les lèvres, s'étant animé le cœur par une abondante libation de Champagne, plus revêtu seulement sous sa robe de chambre d'un simple caleçon, Boniface Piman, donc, après avoir quitté sa chambre, se faufilait, sans bruit ni lumière, à travers un long corridor, jusqu'à l'escalier dérobé qui conduisait à la petite porte de la chambre à coucher de Chichotte, et au bas duquel, selon convention faite, il rencontre Flouac en sentinelle silencieuse, et contre la tête de qui sa tête va frapper avec violence.

— Cadédis! quel atout! s'écrie Flouac.

— Peste soit de l'imbécile qui ne me prévient pas, fait aussi l'ex-fournisseur en se frottant le nez; puis, reprenant à voix basse :

— Surtout, veille bien à ce que personne n'arrive à moi et ne vienne troubler mon bonheur.

— Soyez sans crainte, cadédis, et bonne chance!

— Merci, mon ami, merci.

Cela dit, Boniface Piman grimpe à pas de loup la montée, introduit doucement la clé dans la serrure, puis pénètre dans la chambre où repose Chichotte, chambre qu'éclaire la faible lueur d'une veilleuse.

— Qu'elle est belle en dormant ainsi! Ah! la suave et gracieuse créature! murmure l'amoureux séducteur, en éloignant un guéridon placé tout près du lit, lequel est encore chargé de viande et pâtisserie, cela sans cesser d'admirer la belle tête qui repose sur deux bras d'albâtre jetés sur l'oreiller. En ce moment la bouche de Chichotte s'anime d'un tendre sourire; ses lèvres s'entr'ouvrent pour murmurer doucement :

— Séduisant Boniface! objet de ma flamme secrète, je t'aime et souffre en silence...

— Elle m'aime! sa bouche m'en fait l'aveu... je puis donc tout oser!

Et cela dit, ivre de joie et d'amour, l'ex-fournisseur dépose un baiser sur les lèvres de Chichotte, près de qui il se glisse en tapinois, qu'il enlace de ses bras et presse avec force sur sa poitrine; alors la jeune fille s'éveille, ouvre les yeux, pousse un cri de surprise, d'effroi, et essaye de se soustraire aux caresses du séducteur qui la comprime, la couvre de caresses. En ce moment, un bruit se fait entendre à la porte de la chambre; Boniface, surpris, effrayé, suspendant ses transports, écoute et reconnaît la voix de Lanturlu apostrophant Flouac, qui s'oppose à son entrée dans la chambre. Violente dispute, voies de fait, puis le frère prétendu de Chichotte, vainqueur de l'intendant, tourne la clé, et Boniface Piman n'a que le temps de se cacher en se fourrant vivement sous le lit.

— Que signifie, madame ma sœur, la présence de cet homme que je viens de surprendre à votre porte, lequel n'est autre que l'intendant de notre ami Boniface Piman? s'informe Lanturlu, en entrant dans la chambre et s'adressant d'une voix courroucée à la princesse indienne.

— Je ne sais, marquis, parole d'honneur! répond Chichotte, en indiquant de la main la cachette de Boniface, et la robe de chambre restée sur le lit.

— Ce misérable valet aurait-il tenté de pénétrer chez vous, noble sœur? Si la chose était telle, je lui passerais à l'instant même cette épée que je porte au travers du corps.

— Excusez! comme vous y allez, marquis! fait la jeune fille.

— Tel est le châtiment que je réserve à

tous ceux qui oseraient attenter à votre honneur.

— Ah çà! mais dites-moi donc un peu ce que vous venez faire à cette heure de la nuit, chez moi, marquis?

— Femme infâme et criminelle! dis-moi toi-même à qui appartient ce vêtement masculin que je découvre sur ton lit, et qui l'a placé en cet endroit sacré? interroge Lanturlu d'un ton furieux en saisissant la robe de chambre, qu'il feint d'examiner.

— Ça, c'est à moi, c'est ma robe de chambre.

— Imposture! mensonge!... Et ces pantoufles, misérable! sont-elles aussi les tiennes?

— Un peu, que je dis!

— Un homme doit être ici, un amant, sans doute, avec lequel tu te déshonores en oubliant ton rang et la vertu! Malheur à lui si je le découvre, car dans son sang je lave à l'instant même l'outrage fait par lui à notre nom sans tache.

— Pas de bêtise, marquis; il n'y a pas d'amoureux ici, et votre sœur est innocente ! s'écrie Chichotte, en sautant en bas du lit, et se cramponnant après Lanturlu, qui, l'épée nue en main, cherche dans tous les coins et sous tous les meubles.

— Enfin! je le tiens, cet odieux suborneur! Malheur à lui! la mort va devenir le prix de son audace! s'écrie Lanturlu, en tirant de dessous le lit, et par une jambe, l'ex-fournisseur, plus mort que vif en cet instant.

— Marquis, pitié! au nom du ciel, c'est mon époux, mon amant bien-aimé! s'écrie Chichotte, en aidant à retirer le malheureux de sa cachette, et lâchant prise aussitôt qu'elle aperçoit les épaules sortir de la cachette.

— Grâce! ne me tuez pas, mon cher marquis! et ma main, ma fortune deviennent la propriété de votre adorable sœur! s'écrie Boniface Piman, pâle et tremblant, après s'être mis sur ses genoux, et levant des mains suppliantes vers Lanturlu.

— Te faire grâce, lâche suborneur! ah! ne l'espère pas, car à l'instant même tu vas périr de ma main! répond Lanturlu, les yeux remplis de courroux, en levant l'épée et en dirigeant la pointe vers la poitrine de l'ex-fournisseur.

— Pitié, marquis! grâce! puisque ce brave homme consent à devenir mon mari, en réparation de la bêtise qu'il a faite, dit Chichotte, détournant l'arme qui menace le sein de Boniface Piman.

— Il ment, te dis-je! et la punition qu'il redoute lui arrache seule une promesse qui est loin de son cœur.

— Je suis sincère, mon cher marquis, mon bon, mon excellent ami! Oui, je fais ici le serment de prendre aussitôt pour épouse légitime la belle Chichotte Caba-Cabou, à laquelle je reconnais dès ce moment un million et plus, si cela vous plaît! fait entendre d'une voix suppliante l'infortuné Boniface Piman, en pressant dans les siennes la main de Lanturlu.

— Si telles sont vos intentions, je consens à suspendre ma vengeance, en faveur de la promesse de mariage que vous allez tracer à l'instant même, et dans laquelle vous vous engagerez à payer trois cent mille francs de dédit, si, parjure à votre engagement, vous refusiez de réparer l'honneur de ma sœur, ou à devenir son époux. Acceptez, ou préparez-vous à mourir de ma main!

— J'accepte tout, je consens à tout, cher ami!.. Vite une plume, du papier, que j'é-

crive, que je signe et m'engage à jamais!
s'écrie Boniface Piman, hors de lui et parcourant la chambre en tous sens, cherchant ce qu'il demande et ce que Chichotte s'empresse de chercher aussi; mais en allant et venant, quoi qu'observé de près par Lanturlu, le malin Boniface, qui s'est approché de la porte dérobée, l'ouvre précipitamment, s'élance vers l'escalier et va tomber sur le dos de Flouac, qui, aux écoutes et placé derrière la porte, n'a pas eu le temps de fuir, et roule avec l'ex-fournisseur à travers la montée; chute violente, qui coûte au perfide séducteur la perte de ses trois dernières dents et deux bosses au front; à Flouac, un morceau de la langue et l'épiderme de l'échine dorsale. Tandis que ces deux infortunés, qui, roulés de marche en marche, ont atteint la dernière, se débattent et lamentent, Lanturlu franchit l'escalier, et, croyant dans

l'obscurité saisir Boniface Piman par l'oreille, il s'empare maladroitement de celle de Flouac, à qui la douleur occasionnée par la morsure faite à la langue ne permet que de faire entendre un sourd et plaintif grognement, ce qui donne à Boniface Piman le temps de se débarrasser des étreintes du garçon, et de fuir à toutes jambes jusqu'à son appartement, où il s'enferme, barricade et sonne ses valets à tout rompre.

— Volé ! s'écrie Lanturlu avec colère en s'apercevant de la méprise, et envoyant rouler Flouac à l'extrémité de la chambre, où il vient de le faire monter, le prenant d'abord pour l'ex-fournisseur.

— Bigre ! nous sommes enfoncés, floués, ruinés ! fait Chichotte, non moins surprise et mécontente que Lanturlu.

— Jé mé meurs ! du secours ! car jé perds

tout mon sang! grogne Flouac, ensanglanté, en parcourant la chambre.

— Que la peste te crève, animal! car toi seul es la cause de la déconfiture que nous éprouvons en ce moment! dit Lanturlu, humilié et furieux, en s'adressant à Flouac.

— Cadédis! pécore cent fois plus qué moi, lé maladroit qui laisse échapper lé rénard pris au piége, répond Flouac, occupé de rincer sa bouche avec de l'eau fraîche.

— Donc, il a raison! pourquoi aussi l'avez-vous laisser nous brûler la politesse, observe Chichotte avec aigreur.

— Pourquoi? parce que je suis un niais, un sot, une buse!..

— Que faire maintenant? reprend la jeune fille.

— Nos paquets au plus vite! reprend Lanturlu.

— Ainsi, voilà mon mariage, ma fortune à vau-l'eau, reprend Chichotte en pleurant.

— Console-toi, nigaude, si j'ai laissé échapper l'occasion de te faire l'épouse d'un millionnaire; eh bien, je te ferai danseuse du grand Opéra.

— Hi! hi! hi! c'est toujours vexant, quand on croyait ne plus rien avoir à faire, que boire et manger, d'être forcée de travailler, hi! hi! hi!

— Au diable la pleurnicheuse! s'écrie Lanturlu.

— Sandis! cadédis! capédious! qué lé langue mé fait souffrir!

— Le ciel veuille que tu la perdes tout entière, braillard, pour le repos de ceux qui sont condamnés à t'entendre beugler ainsi, reprend Lanturlu impatienté! Le jour, puis la septième heure de la matinée, puis

Lanturlu, qui, s'arrachant au sommeil, où il s'est laissé aller sur un siége de la chambre de Chichotte, se dirige bravement vers l'appartement de l'ex-fournisseur, désireux d'avoir un entretien avec ce dernier, et où un valet lui apprend que son maître est parti au point du jour pour un long voyage.

— Quoi, votre maître n'est plus ici? dit Lanturlu avec surprise.

— Parti en me chargeant de vous remettre cette lettre, monsieur, répond le valet.

Lanturlu prend la lettre, remonte chez lui, où, en repos et sans témoin, il rompt le cachet et découvre avec joie, sous l'enveloppe, un bon à vue de vingt mille francs, payable chez un des banquiers de Paris, plus quelques lignes tracées à la hâte, lesquelles contiennent l'invitation adressée à Lanturlu, Chichotte et Flouac, de vider l'hôtel dans les vingt-quatre heures, et d'accepter le bon de vingt mille francs à titre de secours, avec la permission d'emporter tous les effets que l'un et l'autre des bannis tiennent de la générosité de l'ex-fournisseur.

— La farce est jouée, le dénouement flambé! que cet exil honteux soit le prix de ma maladresse! Quant à cet argent... pour lui, lui seul, tout pour lui et son bonheur! s'écrie Lanturlu avec feu, en plaçant le bon de vingt mille francs dans le portefeuille qui renferme les cent autres mille et serrant le tout dans sa poche.

Quelques heures plus tard, deux chariots, placés dans la cour de l'hôtel, s'emplissaient de meubles, linge et choses précieuses, enfin, de tout le butin que Lanturlu, Flouac et Chichotte avaient amassé chez le millionnaire Boniface Piman, et dans ce déménagement nos trois aventuriers, usant de la permission et profitant de l'absence du maître, se gênèrent peu pour se faire une large et riche part.

CHAPITRE III.

Il est toujours à craindre que la richesse, les honneurs
ne gâtent le cœur de l'homme.

Les Protecteurs.

Vive la carrière théâtrale pour les femmes à talent! c'est pour elles le paradis sur terre, l'autel où l'on encense leurs charmes, le temple où le public se presse, s'extasie pour les admirer, entendre et convoiter des yeux et du cœur; vive aussi le théâtre pour les femmes jolies et faciles ; car, pour celles-là, c'est une espèce de montre, de bazard, où, pourvues d'attraits, en guise de talent, elles mettent chaque soir leurs charmes et caresses à l'encan.

Ici, nous ne voulons parler que des artistes pour de bon, tragédiennes, comédiennes et cantatrices ; mais non de ces piauleuses chargées, chaque soir, d'écorcher les oreilles d'un public grossier, en bredouillant et criant de mauvais couplets de vaudeville, en hurlant ou miaulant le drame, sur le boulevart du Temple, pour la bagatelle de six à huit cents francs par an, tout cela avec un toupet, un aplomb imperturbables. A elles les hommages du titi, les trognons de pomme du paradis! à elles, en punition de leur audace et médiocrité, les ignobles quolibets d'un public bruyant. Mais en revanche, au vrai talent les hommages du bon ton, le public connaisseur et silencieux, à lui la bonne société, la gloire et les couronnes! C'est là où nous retrouvons Colombe, de plus en plus gracieuse et ravissante, idole du public et entourée d'une cour d'admirateurs de ses charmes, de sa vertu, de son rare talent.

La restauration, en ramenant une armée de gothiques seigneurs, roués d'autrefois, qui, malgré trente ans d'exil et leur caducité, espéraient encore devenir les rois et tyrans de nos coulisses, la restauration, donc, n'a fait que grossir le cortége d'adorateurs qui sans cesse suit les pas de notre jeune primadonna; et dans le nombre se trouvent des puissances du jour, des machines à portefeuille, des maréchaux, des officiers généraux *in partibus ;* enfin, des apostilles ambulantes, des choses qui poussent et font parvenir quand même, qui, à cette époque, et par la puissance de leur protection, faisaient d'un débitant de tabac un contre-amiral, et d'un contre-amiral un marchand de papier timbré.

Or, c'était un soir que Colombe, après avoir chanté dans un opéra, remonta dans sa loge, où Jasme et Lucien l'attendaient; Jasme, qui, depuis les promesses de Lanturlu, a quitté le théâtre à la grande satisfaction du public et du directeur, puis Lucien, qui, depuis la rentrée des Bourbons, a cessé de fréquenter l'École-de-Droit et suspendu ses études, pour s'amuser à solliciter les faveurs jadis prédites à lui par feu son père. S'amuser à solliciter! combien le mot amuser est mal appliqué en cette occasion; car, qui s'amusa jamais en sollicitant, qui s'amuse en s'humiliant, en se voyant contraint de plier l'épine dorsale devant l'arrogance et les plates figures des gens en place, de ces gros rogneurs de budget! Qui de nous, forcé de ramper devant un orgueilleux, un chef stupide, cela, en faveur d'un pauvre emploi ou d'un morceau de pain, n'a pas eu au fond du cœur la honte et la rage, puis conçu le désir de broyer ces figures patibulaires sous le talon de sa botte! Heureux donc l'homme indépendant, l'artiste, le commerçant! car, ceux-là peuvent rire et se redresser à la face et en présence de ces nullités dorées, de ces valets de cour, si humbles devant leur maître, si insolents et cruels envers celui qui a faim.

En entrant dans sa loge, Colombe sourit à ses amis, sa main presse la leur.

— Eh bien, Colombe, quelle nouvelle? fait entendre Lucien, avec empressement.

— Aucune encore, mon ami, je n'ai pas revu le duc de Buse-en-cour; cependant, ce vieux seigneur m'avait promis hier de parler au roi, ce matin, en ta faveur, après avoir mis ton placet sous les yeux de sa majesté, puis de m'apporter la réponse ce soir même.

— Hélas! c'est que ce duc n'aura pas été plus heureux que moi, qui, à l'encontre de ce qu'espérait mon pauvre père, galoppe et sollicite depuis plus d'un mois, sans parvenir à me faire ouvrir une seule porte; et cependant, Colombe, juge de mon impatience, puisque la possession de l'indemnité que je réclame doit être le signal de notre hymen et de mon bonheur.

— Oui, parce qu'alors, Lucien, tu seras presque riche, tu seras libre, et que ton existence ne dépendra pas d'une femme; c'est ainsi que j'entends anoblir à mes propres yeux l'époux que je consens à accepter pour époux.

— Colombe, as-tu donc confiance entière dans le crédit, à la cour, de ce vieux duc ridicule et stupide? s'informe Jasme.

— Mon cher frère, vous êtes un impertinent! sachez que le duc de Buse-en-cour est un des seigneurs les plus spirituels de la cour, répond la jeune fille en riant.

— Merci du reste, par l'échantillon, répond Jasme en riant.

— Ah çà, frère, tu ne me dis pas si ta promenade a été heureuse, si tu as eu le bonheur d'apercevoir aujourd'hui aux Tuileries la dame de tes pensées, ta belle Florence ?

— Oui, oui, sœur, je l'ai vue, elle aussi m'a regardé, et son regard m'a fait un bien extrême ; elle était avec sa tante, toutes deux étaient assises sous les marronniers.

— Pauvre garçon! comme ton cœur a dû battre!

— A fendre ma poitrine! surtout, ayant

cru remarquer que les lèvres de Florence souriaient à ma vue.

—Patience! patience, ami! Lanturlu reviendra, reprend Colombe en passant ses jolis doigts dans la chevelure bouclée de Jasme.

— Non, sœur, non, il ne reviendra plus! soupire le jeune homme.

— Mon Dieu! que les amoureux sont faciles à se désespérer! s'écrie Colombe.

— Hélas! c'est qu'il doit être cruel d'aimer sans espoir! fait Lucien à son tour.

— Voilà ce que c'est que de placer son cœur trop haut, de s'amouracher aristocratiquement; nous autres prolétaires, lorsque nous voulons atteindre cette caste maudite, il faut nous attendre au malheur, à la désolation.

— Colombe, comment dois-je prendre cet

anathême, moi qui fais partie de cette caste que maudit votre charmante bouche.

— Ceci ne doit vous toucher en rien, mon Lucien; car si vous portez un de ces titres dérisoires, la bonté de votre cœur vous absout du ridicule.

— Peut-on entrer? s'informe en grasseyant et passant à travers l'ouverture de la porte, une vieille tête poudrée, plantée sur un corps sec et maigre.

— Certainement, monsieur le duc, soyez même le bien-venu, répond la jolie primadonna. Et le duc de Buse-en-cour, d'introduire en entier dans la loge son grêle et fluet individu, qu'il va jeter nonchalamment sur un canapé, où il se met à minauder et s'éventer avec un mouchoir.

— Vous voyez un homme fuieux, mon adoable; croirez-vous que, malgré mes titres et mon rang, le miséable concierge de votre théâte refusait de me laisser monter? Peste! où est donc le temps du bon plaisir? Je croyais que nous l'avions ramené avec nos princes légitimes, que les choses étaient remises sur l'ancien pied, que le théâte, pour nous autres gens de cour, était redevenu notre propriété; mais non! il nous faut enduer les impertinentes questions d'un valet, et lui décliner ses droits et pouvoirs, comme si ce parfum de haute qualité que nous répandons, nous autres gens de cour, ne suffisait pas pour ouvrir toutes les portes!

— Monsieur le duc a raison, et le concierge de votre théâtre est un impertinent, ma sœur, fait entendre Jasme en souriant.

— N'est-ce pas, petit? Aussi je porterai mes plaintes à mon ami le diecteur des beaux-arts, car je prétends ramener le vieil usage, et que la noblesse, gens de cour comme moi, fassent banquette sur la scène, comme au beau temps des Guimard, Duthé, Contat... Alors nous claquions ces dames, applaudissions le petit Molé, Fleury, Michu ; tous ces gens étaient honorés de se mêler à nous, ils étaient fiers de notre protection.

— Comme, non moins généreux qu'en ce temps-là, vous protégez aujourd'hui M. Lucien Dastrel, interrompt Colombe, impatientée par le bavardage du vieux noble et plus envieuse de connaître la réponse qu'il apporte, que les sottises et abus de l'ancien régime.

— Ah! ah! je n'y pensais plus, ma toute adoable; oui, j'ai pomis de m'occuper de ce jeune homme, et j'ai tenu paole.

— Que vous êtes bon, monsieur le duc! dit Lucien en s'inclinant devant le vieux noble.

— Toute gacieuse, vous avez chanté ce

soir d'une manière admiable, enfin comme vous chantez toujou ; en vous écoutant, caché dans un coin de ma loge, j'étais ravi, enivré, pesque fou de bonheur...

— Monsieur le duc est trop indulgent... Ainsi donc, vous disiez que vous aviez eu l'obligeance de vous occuper de M. Lucien Dastrel... dit Colombe.

— Cétainement, en vrai gentilhomme, je n'ai qu'une paole et la tiens... Le roi s'est pafaitement souvenu du père de ce jeune homme, et en vétu des sévices qu'il a rendus aux Bourbons, sa majesté..... mon adoable, ce costume vous va à ravi; je me appelle en avoi vu poter un semblable à la petite Duthé, je ne sais plus dans quelle pièce....

— Monsieur le duc n'a jamais que des choses flatteuses à dire ; rien qu'à l'entendre on devine tout de suite chez lui cette fine fleur de galanterie de la haute noblesse, fait

Jasme. Et à ce compliment, le duc fait la bouche en cœur, et louche horriblement en essayant de sourire le plus gracieusement possible.

— Monsieur le duc dit donc que sa majesté s'est parfaitement rappelé mon père, et qu'en vertu des services...

— Qu'il a rendus à la famille des Bourbons, le roi fait mander demain son fils au château, où il lui accorde une audience particulière, termine enfin M. de Buse-en-cour.

— O bonheur! exclament les trois amis.

Alors, force remerciements, éloges flatteurs, adressés au duc, qui, tout boursouflé d'importance, avale à longs traits l'encens en minaudant et s'éventant de nouveau.

Encore une longue séance consacrée par les trois jeunes gens à écouter religieusement les turpitudes, les vanteries du vieux gentilhomme de la chambre, grand-officier du gobelet et de la manche; car telles sont les attributions de M. le duc de Buse-en-cour. Puis, minuit venant à sonner, le grand seigneur regagne enfin sa voiture, et laisse Colombe, Jasme et Lucien, ce dernier ivre de joie, libres de quitter le théâtre et de s'en retourner à leur domicile, où chacun va se coucher et penser, en attendant le sommeil, à son amour et à ses intérêts.

Le lendemain, Lucien Dastrel, après avoir été longuement encouragé par Colombe, et cravaté par les mains de l'aimable jeune fille, roulait vers le château des Tuileries; tandis que Colombe priait le ciel du fond du cœur, d'être propice à son bien-aimé.

Une heure sonne à la pendule du salon; au même instant une voiture entre avec fracas dans la cour de l'hôtel. Serait-ce Lucien qui reviendrait? Et pour s'en assurer, Colombe et Jasme, tous deux dans le salon, se précipitent vers la fenêtre. O bonheur! ô surprise ! c'est Lanturlu magnifiquement vêtu, qui descend d'un riche équipage dont deux valets, en riche livrée, viennent d'ouvrir la portière. Jasme, dans son impatience, se précipite à travers les appartements, la montée, et joint le visiteur sur la première marche.

— Enfin, vous voilà ! s'écrie le jeune homme, en tombant dans les bras du visiteur, qui répond à cette marque de tendresse, en souriant au jeune homme en le pressant sur sa poitrine.

— Moi-même, que tu désespérais de revoir jamais, et accusais d'indifférence, lorsque je n'ai cessé de penser à toi, de travailler pour toi.

— Oui, oui, mon ami, j'ai osé douter,

murmurer contre vous; mais excusez, mon impatience était si grande!

En disant ainsi, ils ont atteint l'appartement où Colombe vient au-devant d'eux, où elle fait asseoir Lanturlu, et le comble de caresses, auxquelles il répond avec aménité.

— Enfin, c'est donc vous, homme extraordinaire, ou plutôt monsieur;... car je ne sais plus, en vérité, sur quel pied vous traiter, quel langage il nous faut employer à votre égard, dit Colombe en riant.

— Il faut me traiter, mes chers enfants, en ami dévoué et sincère, entends-tu petite Colombe, répond Lanturlu.

D'accord, mais j'aime assez, avant de m'émanciper, connaître les titres, la position de mes amis, et je ne sais plus ce que vous êtes, Lanturlu; car, comment reconnaître, dans cet homme aux nobles manières et aux ha--

bits somptueux, dans le maître de ces valets, de ce riche équipage, notre ancien camarade d'infortune et le prestidigitateur Lanturlu ? reprend la jeune fille.

— Colombe a raison, ami; moi aussi ne sais que penser d'une telle métamorphose, et me permets de vous en demander l'explication, afin de mesurer mon respect sur la qualité de votre personnage.

— Rien de plus facile, et telle était mon intention avant l'expression de votre désir. Vous voyez en moi, continue Lanturlu, le fils unique de l'ancien marquis de Volnis, mort sur l'échafaud en 93, pour la cause des Bourbons. Resté jeune, orphelin et sans fortune, après la mort de ma mère, qui suivit de près celle de mon père ; ne sachant quel parti prendre pour exister et garantir ma tête du sort qui l'attendait, en qualité de noble, je cédai aux conseils d'un vieux comédien, que le hasard avait jeté sur mon chemin, et me fis acteur en dépit de mon blason, sous le nom de Saint-Leu.

Mon jeu facile, ma voix fraîche et pure me valurent de nombreux succès, de beaux appointements; plus, une vie toute de plaisir et de joie; mais un cruel accident, en me privant de mon état, me plongea bientôt dans une affreuse misère.

Dans une de nos premières villes de province, j'avais fait la rencontre de la plus jolie fille du monde, dont j'étais devenu amoureux fou; j'eus quelques peines à me faire connaître et aimer de la belle, mais j'en vins à mon honneur. J'étais donc le plus fortuné des amants, lorsque le frère de ma maîtresse surprit nos amours, prit la chose en mauvaise part et m'appela en duel. Brave et gentilhomme, je me rendis à l'appel; et, première lame de France, avec la certitude de punir le téméraire qui osait vouloir se mesurer avec moi.

Le combat commence, et je m'aperçois que j'ai affaire à aussi adroit que moi, plus même, puisque, oubliant de parer un coup qu'il me porte, je sens le froid de son épée pénétrer dans ma gorge. Total, les suites de ce duel funeste furent une maladie longue et dangereuse et la perte de ma voix; car l'arme de mon ennemi m'avait attaqué le larynx.

Que faire sans état, sans argent? car, comptant sur un long avenir de succès, je n'avais rien amassé; aussi vis-je la misère frapper aussitôt à ma porte.

Ce fut alors que j'eus l'imprudence de me fourrer dans une conspiration tramée contre l'empereur; que, cette conspiration découverte, il fallut fuir et m'exiler, pour ne rentrer en France, et sous l enom et le titre de Lanturlu le prestidigitateur, que huit ans après.

— Pourquoi, au lieu de conspirer contre le grand homme, en qualité de fils de bonne et noble famille, n'alliez-vous lui offrir vos services? il vous eût accueilli, ainsi que tant d'autres gens de noblesse, qu'il a comblés d'honneur et de richesse, et qui ont été, à dire vrai, les premiers à le trahir, observe Jasme.

— Je n'avais garde, tout dévoué aux Bourbons, de servir contre eux la cause de l'usurpateur; et bien m'en a pris, en ce que, satisfait de ma fidélité, sa majesté Louis XVIII m'a appelé près d'elle, en remontant sur le trône de ses pères, et ce jour me comble des dons de sa magnificence, termine pompeusement Lanturlu.

— Vous, marquis pour de bon et le protégé du roi! Ah! je ne m'étonne plus maintenant de cette subite métamorphose, de votre magnificence, et Louis XVIII a bien fait en récompensant un bon et sincère ami tel que vous, dit Colombe avec joie.

— Et moi je ne m'étonne plus qu'au sein des honneurs et de la richesse, M. le marquis de Volnis ait oublié, l'espace de deux mois, le camarade de Lanturlu, le malheureux Jasme, dont il avait promis de protéger les amours, soupire le jeune homme.

— Jasme se hâte trop d'être ingrat, s'il pense ainsi; car Lanturlu, qui ne l'a pas oublié un seul instant, s'est empressé de se faire, lui-même, un personnage important, afin de seconder plus efficacement l'amant de Florence Destival, près de cette belle et de sa famille.

— Hélas! serait-ce vrai? Ah! mon ami! excusez un instant d'une injuste humeur, et l'amant le plus amoureux, comme le plus impatient, s'écrie Jasme, en s'emparant de la main de Lanturlu, qu'il presse dans les siennes.

— Va, je t'aime trop pour t'en vouloir, petit; maintenant, écoute : Tu vas, dès ce jour, quitter cette demeure et venir habiter l'hôtel que j'ai loué et fait meubler; là, des valets, un équipage, seront à tes ordres, et tu y régneras en souverain, sous les noms et titres de Léon Dormer, neveu du marquis de Volnis...

— J'accepte tout, excepté de quitter Colombe, interrompt Jasme.

— Alors tu renonces à devenir l'époux de la comtesse Florence de Destival; car, sachant que tu demeures chez une comédienne, ceci éveillera l'attention, et, informations prises, on tardera peu à découvrir ta piètre condition, répond froidement Lanturlu.

— Volnis a raison, frère, et, malgré le chagrin que me causera cette séparation, je t'y engage en faveur de ton amour, de ton avenir, dit Colombe.

— Je consens donc, mais à la condition que chaque jour je viendrai te voir et t'embrasser.

— J'y compte et l'exige, Jasme, répond la jeune fille; puis, se tournant vers Lanturlu : Continuez, cher marquis, notre garçon promet d'être obéissant.

— Tout est dit, pour le moment, si ce n'est que Jasme doit se préparer à m'accompagner, dans trois jours, chez le comte Destival, et prendre part à la fête brillante à laquelle te convie cette lettre d'invitation, termine Lanturlu, en présentant ladite lettre à Jasme, qui, en ayant fait lecture, saute de joie, et, après plusieurs tours dans la chambre, vient tomber dans les bras de Lanturlu.

—Mon Dieu! que n'êtes-vous venu nous apprendre plus tôt votre haute position, votre accès près du roi! combien votre protection aurait été nécessaire à ce bon Lucien, qui, lui-même, en ce moment, est en audience près de sa majesté, et qui, ainsi que vous, réclame le prix des anciens services de son père, dit Colombe à Lanturlu, qui ne manifeste aucune surprise à cette nouvelle, puis, après avoir réfléchi :

—Et tu es toujours décidée, dit-il à Colombe, de prendre ce jeune homme pour mari ?

— Oui; car tel est le vœu le plus cher à mon cœur.

— Ainsi, petite, si le roi fait droit aux demandes de Lucien Dastrel, tu quitteras ton état, tu renonceras à tes succès, à cette existence toute de joie, de triomphe et d'adoration, que te méritent ton talent, ta beauté, pour devenir l'épouse d'un noble, qui, un jour, peut-être, après t'avoir arrachée à la liberté, à une fortune que tu es en train d'acquérir, te fera sentir durement ta condition, et, devenu homme de cour, favori de princes bigots, rougira d'être le mari d'une comédienne!

— Ah, Volnis! quel affreux pronostic! Mais non, je n'ai pas à craindre cette cruelle déception, Lucien m'aime avec trop de force et de sincérité!

— Et cela serait infâme! s'il en était autrement; car il te doit son existence, que tu as arrachée à la faim, à la misère!... N'importe, Colombe, c'est un bel art que celui tu manies si bien, qui te vaut, chaque soir, les suffrages d'un public enthousiaste; et il est fâcheux, imprudent, d'y renoncer, de changer une aussi brillante position contre un avenir obscur.

— Hélas! pour raisonner aussi froidement,

n'avez-vous donc jamais aimé, Volnis, ni senti combien ce tendre sentiment inspire d'abnégation, de désintéressement? répond Colombe avec tristesse.

— Allons, enfant, ne t'afflige pas, pardonne à un ami qui veut ton bonheur, et s'inquiète seul pour lui... Après cela, je suis peut-être injuste envers ce pauvre Lucien ; mais, vois-tu, Colombe, il y a des exemples de femmes artistes, à talents, qui se sont unies à de grands seigneurs, et s'en sont fort mal trouvées.

— Je ne crains pas ce sort fatal, mon ami ; car Lucien est bon, noble de cœur et généreux.

— Ainsi soit-il ! répond Lanturlu en quittant le siége qu'il occupe, et faisant signe à Jasme de se préparer à le suivre.

—Déjà partir ! me laisser seule ! Au moins, attendez le retour de Lucien, afin qu'ensemble il nous soit permis de partager sa joie, reprend Colombe, que la pensée de voir partir Jasme attriste déjà.

— Volontiers, en ce que nous n'attendrons pas long-temps ; car voilà notre jeune baron qui descend de voiture, dans la cour, répond Lanturlu.

En effet, un instant après, Lucien, ivre de joie, se précipitait dans le salon, et s'écriait :

— Vive le roi ! qui vient de me nommer son sous-secrétaire particulier, avec dix mille francs de pension sur sa cassette !

A qui suis-je redevable d'une aussi bonne réception? A mon mérite, ou à mon habit?

Un Bal.

Une vaste cour, remplie de riches équipages, et de nombreux valets aux livrées multicolores, dorées et argentées, le tout éclairé par une grande quantité de lampions; puis une vaste antichambre où l'on se presse, des salons resplendissants d'or et de lumière, et dans ces derniers, une foule de personnages des deux sexes, des hommes chamarrés de broderies étincelantes, d'ordres, de cordons et de croix; des femmes jeunes, gracieuses, couvertes de diamants, de perles, de dentelles, plus belles encore de leurs rares attraits que de leur parure; le comte et la comtesse Destival, qui accueillent les conviés à la fête avec grâce, affabilité, en gens de cour enfin ! puis, la jolie Florence, couverte de gaze et de fleurs, mais dont le regard semble triste et rêveur ; Florence, entourée d'une foule de jeunes gens élégants, tous admirateurs de ses charmes, de sa gracieuse personne; des parfums, un orchestre magique, des danses, enfin tout l'enivrement d'une fête brillante et de bon ton. Il est minuit ; le bal est animé, les danses se succèdent, et deux invités retardataires s'introduisent dans les salons.

— Arrivez donc, mon cher marquis de Volnis, je désespérais de votre présence! fait entendre le comte Destival en accourant au-devant des derniers venus.

— Permettez-moi, monsieur le comte, de vous présenter mon neveu Léon Dormer, répond Lanturlu en indiquant Jasme, qui rougit et salue.

— Très-bien! Jeune homme charmant! fait le comte, souriant à Jasme, dont le cœur bat avec violence en présence de l'oncle de sa bien-aimée, de l'arbitre de son sort.

Quelques mots encore, puis Lanturlu, prenant congé de M. Destival, se dirige avec Jasme vers la maîtresse du lieu, qu'il désire saluer, et qu'il vient d'apercevoir assise au milieu d'un groupe de dames, nobles douairières, tapisserie antique et respectable. En recevant les salutations du marquis et de son neveu, la comtesse pâlit, son sein s'agite avec violence, et son regard stupéfait semble s'égarer comme à la vue d'une horrible apparition.

— Veuillez me permettre, madame, de vous présenter mon neveu, dit Lanturlu, sans paraître prendre garde à l'émotion de la dame, et du ton le plus doux, le plus respectueux.

— Votre neveu?... Ce jeune homme?... Son âge, monsieur! son âge?... s'écrie la comtesse avec effort, précipitation, et en fixant sur Jasme un regard où se peignent tout à la fois la crainte, le désir, l'impatience.

— Vingt-et-un ans, madame, répond froidement Lanturlu.

— Vingt-et-un ans, ô mon Dieu! murmure la comtesse en soupirant et sans cesser de fixer attentivement le jeune homme.

— Qu'avez-vous donc, ma tante, seriez-vous indisposée ? vient s'informer Florence en courant, après avoir aperçu de loin la pâleur mortelle qui couvre les joues de la comtesse ; puis son regard se portant sur Jasme, la jolie fille laisse malgré elle échapper un petit cri de surprise, et ses traits, si pâles de coutume, se couvrent aussitôt d'un vif incarnat.

— Un peu de malaise, mon enfant; mais toi-même, qu'as-tu donc? pourquoi ce cri échappé de ton sein, cette rougeur subite ? s'informe la comtesse en s'emparant de la main de Florence, et promenant un regard surpris sur sa nièce et sur Jasme, qui est aussi rouge et tremblant que la jeune fille.

— Je n'ai rien, ma bonne tante, répond Florence d'une voix émue, lorsque la vive agitation à laquelle elle est en proie, sa main qui tremble dans celle de la comtesse, prouvent si bien le contraire.

— Veuillez donc me prêter l'appui de votre bras, monsieur de Volnis, pour fuir un instant l'air brûlant qu'on respire en ce salon, reprend Mad. Destival, en quittant son siége et passant son bras sous celui de Lanturlu.

— Volontiers, madame. Mon cher Léon, empresse-toi de solliciter auprès de mademoiselle l'honneur d'un quadrille, ajoute Lanturlu en s'adressant à Jasme, qu'il désire, avant de s'éloigner, encourager et mettre en rapport avec Florence.

La comtesse emmène donc le prétendu marquis loin du cercle des douairières ; plus encore, hors la salle du bal, de tout témoin et oreille indiscrète, et pénètre avec lui dans un petit salon solitaire qu'éclaire faiblement une petite lampe opale, suspendue au plafond. A peine entré dans cette pièce, la comtesse n'a que le temps de s'asseoir vivement sur un sopha, afin d'éviter une chute certaine; car, en proie à la plus vive émotion, ses jambes fléchissent sous elle.

— Qu'avez-vous, madame ? vous semblez tremblante, agitée, vos yeux sont noyés de larmes !... Parlez, faut-il que j'appelle vos gens ?

— Non, non, monsieur ! Gardez-vous, par la présence d'un tiers, de troubler l'entretien que je désire avoir avec vous à l'instant même, s'écrie madame Destival, cherchant à surmonter son émotion, et en indiquant un siége à Lanturlu.

— Une explication ! parlez, madame, je vous écoute; mais franchement, croyant en deviner le motif, je vous avoue, madame, que j'eusse préféré un autre lieu, un autre instant, pour vous entendre, répond Lanturlu froidement.

— Attendre ! attendre ! monsieur, lorsque

mon cœur brûle du désir d'apprendre, lorsqu'il est dévoré d'inquiétude! Attendre! mais ignorez-vous donc que, depuis le jour où je vous vis en cette maison, où votre présence inattendue fut pour moi une si terrible vision! le signal, peut-être, de ma perte! de mon déshonneur! je n'ai cessé de faire chercher votre demeure sans parvenir à la trouver.

— Eh bien! me voilà, je vous écoute, madame; que voulez-vous de moi?..

— Saint-Leu, au nom du ciel! qu'est devenu mon fils? s'écrie la comtesse en levant vers Lanturlu des mains jointes et suppliantes.

— Imprudente! qui vous assure que le marquis de Volnis soit le Saint-Leu à qui vous pensez vous adresser? car, du pauvre comédien, jadis dédaigné par vous, au brillant marquis de Volnis, la distance est immense, et ne pouvez-vous être abusée en ce moment par une fatale ressemblance?

— Non, non, je ne me trompe pas, monsieur; vous êtes bien le comédien Saint-Leu, le perfide suborneur de la pauvre fille, celui enfin qui m'a pour la vie ravi l'honneur et le repos !

— Et bien oui, je suis ce Saint-Leu, madame, et, par droit de naissance, le marquis de Volnis; oui, je suis ce Saint-Leu, je suis cet homme, qui, pour venger son innocente sœur, séduite et abandonnée lâchement par un de vos parents, osa, voulant user de représailles, s'introduire clandestinement, lui, simple comédien, dans le somptueux château de votre père, vous surprendre une nuit dans les bras du sommeil, et faire de vous sa maîtresse chérie. La hardiesse, la faute étaient grandes, j'en conviens, Amélie, mais votre orgueilleux parent m'avait doublement insulté.

— Malheureux! qu'avez-vous fait du fruit de votre crime? qu'est devenu le pauvre enfant que je chérissais, que je vous confiai en ce temps afin de le faire élever en secret?

— Cet enfant, madame, notre cher fils enfin, il existe, et tout-à-l'heure, dans vos salons, il saluait sa mère, qu'il ignore, dans la personne de madame la comtesse Destival.

— Quoi ce Léon, ce jeune homme si charmant est mon fils! Ah! Saint-Leu! que le ciel vous récompense de me l'avoir conservé!.. lui mon fils! mon enfant bien-aimé, celui que je regrette, que je désire depuis vingt ans... Oh! je vous pardonne le passé, Saint-Leu, en faveur de tout le bien que vous me faites aujourd'hui... Mais hélas! pourquoi me l'avoir caché si long-temps? pourquoi l'avoir soustrait dès sa naissance à mes caresses, à mon amour de mère? Cruel!!!

— Forcé de fuir la france pour raisons politiques, deux mois après sa naissance, je confiai Jasme aux soins d'une pauvre paysanne du village de Jassy en Touraine, et ce n'a été qu'après dix-huit ans d'exil, qu'il m'a été possible de revoir cet enfant, à qui j'avais religieusement conservé, quoique dans l'infortune, l'argent que vous m'aviez confié pour lui, et que les intérêts d'un bon placement élevèrent, dans l'espace de vingt années, à la somme de cinquante mille francs, que Jasme a reçus depuis peu de mes mains.

— Merci, merci cent fois, de votre bienveillance pour un être si cher; mais, monsieur, pourquoi avoir choisi un lieu aussi dangereux pour le rendre à mes caresses, à mon amour? Hélas! si le comte mon époux allait découvrir... si j'allais me trahir en sa présence!.. fait entendre madame Destival avec crainte.

— Ah! c'est que je ne vous ai pas encore tout dit, madame... Sachez donc que, par un hasard fatal, Jasme, notre fils, est amoureux fou de la belle Florence, votre nièce, et qu'il y a danger pour notre enfant s'il n'obtient la main de cette jeune fille, sa main! que je me suis engagé de lui faire obtenir.

— Y pensez-vous, monsieur? ignorez-vous que Florence, par ses titres, la fortune que lui a laissée sa famille, peut prétendre au plus haut parti?

— Je le sais, madame; aussi en est-ce un superbe que je lui propose dans la personne de mon fils, car enfin je suis le marquis de Volnis, et de plus le favori du roi... J'ai donc compté sur vous, comtesse, sur votre précieuse protection, pour appuyer près du comte Destival la demande que je vais lui faire de la main de sa nièce, en faveur de mon fils.

— Et vous avez bien fait, monsieur, car ce projet, tout audacieux qu'il est, est celui que mon cœur approuve avec ardeur, et duquel la réussite me comblerait de joie et de bonheur. Mais hélas! je tremble, car le comte est ambitieux, susceptible, et la naissance de notre Jasme...

— Est illégitime, voulez-vous dire; franchement, voilà le seul obstacle que je pourrais redouter, si ce jeune homme n'avait en sa propre mère une puissante protectrice à même de le seconder avec efficacité dans cette bizarre circonstance. Ainsi donc, madame, à vous d'achever mon ouvrage en comblant les vœux de votre enfant, en lui facilitant, d'abord, les moyens de faire sa cour à votre nièce, de s'en faire connaître et aimer, choses à moitié faites, déjà, sans que vous vous en doutassiez le moins du monde.

— Jasme connaît Florence et en est aimé,

dites-vous? Je ne puis comprendre... dit la comtesse avec surprise.

— Oui, madame, sans s'être jamais parlé, ces enfants se sont compris; votre nièce, enfin, s'est laissé prendre aux doux regards de notre fils : la preuve, ce cri échappé à Florence en apercevant ce soir Jasme à mes côtés; cette rougeur subite qui, à si douce surprise, est venue colorer son charmant visage.

— Cessons cet entretien, monsieur; il est temps de rentrer au salon, où ma longue absence peut être remarquée; ou plutôt permettez à l'amour d'une mère de satisfaire le désir brûlant qu'elle éprouve d'admirer et d'entendre un fils, au bonheur duquel elle veut désormais se consacrer entièrement; c'est vous dire, monsieur, que je ne négligerai aucun moyen de bien disposer mon époux en faveur de celui qui nous est cher.

Dieu veuille qu'un heureux succès couronne nos vœux et nos projets.

Cela dit, la comtesse se lève, et, acceptant de nouveau la main de Lanturlu, elle rentre avec lui dans la fête, où ses yeux s'empressent de chercher Jasme à travers la foule et les quadrilles.

Maintenant, sachons ce qu'a fait Jasme durant cet entretien, au milieu de ce monde brillant, et si près de l'objet de ses tendres affections. A peine Lanturlu et la comtesse s'étaient-ils éloignés, que notre héros, resté en présence de la jolie Florence, dont les yeux se tenaient modestement baissés; notre héros donc, surmontant sa timidité, faisant taire sa violente émotion, implore d'une voix timide la main de Florence pour le quadrille dont en ce moment le nombreux orchestre donnait le signal. La jeune fille alors lève la tête, sourit à l'invitation, et place sa main blanche et potelée dans celle du jeune homme, qui l'entraîne à la danse. D'abord un long silence règne entre eux, car, quoique ayant beaucoup à se dire, ni l'un ni l'autre n'ose entamer l'entretien ; puis, le cœur de Jasme est en proie à des palpitations si fortes, qu'elles lui interceptent la parole, l'étouffent, le font horriblement souffrir ; et Florence, comme elle semble embarrassée aussi ! comme sa main tremble dans celle de Jasme !

Allons, du courage, et que le ciel me seconde, dit tout bas le jeune homme, décidé à risquer quelques mots ; puis, s'adressant à Florence :

— Je n'ai pas eu l'avantage de vous apercevoir aujourd'hui aux Tuileries, mademoiselle...

— Nous n'y sommes pas allés, monsieur,

un jour de réception on a tant à faire chez soi! répond Florence en rougissant.

— Ce jardin est une agréable promenade.

— Oui, monsieur, que vous aimez autant que ma tante et moi, à ce qu'il paraît, car nous vous y rencontrons souvent.

— Quoi! mademoiselle, vous avez eu la bonté de m'y remarquer?

— Oui, monsieur, parce que votre visage m'offrit, la première fois que le hasard me le fit apercevoir, une ressemblance étonnante, parfaite, avec une personne que je vis jadis à Chartres, puis encore à Paris, dans un de nos premiers théâtres. A ces mots, Jasme de tressaillir et rougir jusqu'au blanc des yeux; mais, se remettant aussitôt :

— Je rends grâce à l'heureuse ressemblance qui m'a valu l'honneur d'être remarqué de vous, mademoiselle; mais combien je remercie encore plus mon oncle, le marquis de Volnis, qui, en cet insant, cette nuit charmante, me procure le bonheur précieux de vous admirer et de vous entendre.

Florence sourit avec timidité à ce compliment, auquel elle allait sans doute répondre, lorsque le dernier coup d'archet se fit entendre.

Hélas! quel dommage que cette contredanse se soit terminée aussi vite, au moment même où Jasme commençait à s'enhardir, où entre Florence et lui s'établissait un entretien tant désiré et entamé avec tant de peine. Jasme reconduit Florence à la place où il l'a prise, où en ce moment il retrouve Mad. Destival, dont les regards se fixent sur lui avec le plus vif intérêt et accompagnés d'un sourire bon et gracieux.

— Reposez-vous un instant, là, près de moi, monsieur Léon, et faisons connaissance ensemble, dit la comtesse en indiquant au jeune homme une place entre elle et sa nièce.

Jasme, étourdi par un accueil aussi flatteur, une bienveillance qui surpasse son attente et comble ses vœux, salue, baisse les yeux, balbutie un compliment, et s'assied à la place indiquée, place précieuse en ce qu'elle lui procure le bonheur inestimable d'être si près des deux dames, que son corps frôle presque le leur.

— Arrivé à Paris tout nouvellement, vous y avez peu de connaissances, monsieur, m'a dit votre oncle ; venez donc nous visiter souvent, et nous nous empresserons de bien vous accueillir, fait entendre la comtesse d'une voix douce et engageante.

— Ah! madame, que de bonté! et combien je m'estime heureux du doux intérêt que vous daignez me témoigner, et duquel je m'efforcerai toujours de me rendre digne.

— J'y compte, et j'en suis persuadée, reprend la dame en saisissant la main de Jasme rapidement, et la lui pressant avec aménité, à la grande surprise et confusion du jeune homme, qui ne sait à quoi attribuer une amitié si engageante et si vive de la part d'une personne qui le voit pour la première fois.

Encore un quadrille dansé par Jasme avec Florence, mais cela bien avant dans la nuit, car mille cavaliers se sont disputé l'honneur de danser avec la jolie fille. Cette fois Jasme, enhardi par l'accueil de la tante et de la nièce, a chassé toute timidité; et, suivant les conseils que lui a donnés, une heure avant, son oncle prétendu, Jasme donc fait entendre cent compliments flatteurs à Florence, ose même lui avouer que pour elle seule, pour le bonheur de la voir et de l'admirer, il se rend chaque jour aux Tuileries. Et toutes ces paroles étaient dites en pressant, dans la sienne, la main de la jolie fille, avec tendresse et expression.

Cinq heures du matin, la fête se termine, les salons se vident, Jasme va prendre congé de la comtesse, qui lui renouvelle son invitation, en ajoutant qu'elle l'attend le lendemain, afin de faire plus ample connaissance; cela en présence de Florence, qui n'ose joindre sa voix à celle de sa tante, mais au fond du cœur approuve toutes les paroles amicales qu'elle adresse au jeune homme.

Jasme et Lanturlu, emportés par leur équipage, ont bientôt atteint leur hôtel, où, étant arrivés, tous deux entament un long entretien, dans lequel Jasme, ivre de joie et d'amour, raconte à son ami la bonne et engageante réception que lui a faite la comtesse, et l'invitation qu'elle lui a adressée de fréquenter souvent son hôtel.

— Cela ne m'étonne pas, mon cher, répond Lanturlu froidement.

— Cela ne vous étonne pas, mon ami ; alors instruisez-moi donc de ce qui me vaut, de la part de la comtesse Destival, cette réception aussi gracieuse qu'amicale, à laquelle j'étais loin de m'attendre.

— Ce qui te mérite une semblable faveur? Parbleu! ton mérite, ta bonne mine, et le bien que j'ai dit de toi, répond Lanturlu en souriant.

— Lanturlu, vous moquez-vous de moi?

— Pas le moins du monde ; au surplus, songe à suivre mes conseils, qui sont de te faire le commensal de la maison du comte, à force d'assiduité et de prévenances ; songe surtout à déployer le plus de luxe possible dans tes manières, tes actions, ta mise ; ne crains pas de dépenser l'argent; fais en sorte, enfin, de donner de toi, au comte Destival, une haute idée de ta fortune et de ta munificence.

— Avons-nous donc une mine d'or à notre service? interroge Jasme.

— A peu près, mais cela ne te regarde pas; brille, dépense, et je suis là pour pourvoir à tout.

— Lanturlu, d'où naît, de votre part, une telle générosité envers moi?

— Je te l'ai déjà dit : je t'aime, je te veux du bien, et je t'en ferai, que cela te suffise.

— Cependant, mon ami, vous m'avez présenté chez le comte sous un faux titre, et si jamais j'étais assez heureux pour obtenir la main de Florence, bonheur que je n'ose espérer, comment ferions-nous? comment avouer que je ne suis pas votre neveu, mais un malheureux bâtard et enfant perdu?...

— Ceci est mon affaire, et me regarde seul;

la tienne est de faire ta cour, de chercher à plaire et de te fier à moi, lorsque viendra la conclusion du roman ; maintenant, va te coucher, penser à tes amours, et dormir si tu peux, répond Lanturlu, en indiquant la porte à Jasme, et mettant habit bas.

CHAPITRE V.

Quatre Mois après.

Oui, quatre mois d'écoulés, depuis le bal donné par M. Destival; et Jasme, sachant mettre le temps à profit, avec l'estime du comte, l'amitié de la comtesse, a su conquérir en entier le cœur de Florence et arracher à cette dernière l'aveu d'un amour qu'il a su lui inspirer.

Or, Jasme est donc heureux, fort heureux; car l'espoir de posséder un jour la main de celle qu'il aime est entré dans son cœur. Lanturlu, enchanté des succès du jeune homme, qu'il conseille et encourage sans cesse; devinant que sa présence inspirait plus de crainte que de plaisir à Mme Destival, ne s'est plus présenté à l'hôtel de cette dame, que de loin en loin, se contentant de se faire rendre compte, par Jasme, de ce qui s'y passait, et des progrès du jeune homme dans l'esprit et le cœur de la noble famille.

Et Lanturlu se frottait les mains, souriait avec bonheur, en entendant Jasme lui dépeindre, toujours avec surprise, les bons soins et la tendresse vraiment maternelle que ne cessait de lui prodiguer et témoigner la comtesse.

Si tout marchait au gré des désirs du père et du fils, il n'en était pas de même chez la pauvre Colombe; et, cependant, succès, hommages et fortune, ne cessaient de couronner le talent toujours croissant de la jeune cantatrice, qui, cependant, n'etait plus heureuse; car son cœur était blessé dans tout ce qu'il avait de plus sensible, dans son amour enfin! Toujours fidèle à l'amitié, Jasme n'avait pas cessé un seul jour de venir passer quelques heures près de sa sœur chérie, afin de lui raconter son bonheur, lui faire part de ses progrès dans le cœur de Florence, enfin lui faire partager ses douces espérances. Mais il n'en avait point été ainsi de la part de Lucien Dastrel, qui, ébloui par sa nouvelle position, avait négligé Colombe, et ne lui faisait plus que de rares visites, en accusant ses affaires, les devoirs de son emploi, de ravir tout son temps.

Pourquoi ce refroidissement, cette indifférence de la part d'un jeune homme pour sa bienfaitrice, celle à qui il était redevable de la vie et d'une brillante position ?

Pourquoi ? parce que Colombe, fidèle à l'honneur, à la vertu, avait résisté aux transports, à la séduction de Lucien, qui, depuis l'éloignement d'un témoin incommode en la personne de Jasme, et enhardi par l'amour que la jeune fille lui témoignait, avait voulu tout obtenir de sa tendresse; parce que Lucien, devenu courtisan, âpre d'honneur et de richesses, ne voulait plus déroger à son rang, briser le riche avenir que lui assurait la faveur dont il jouissait à la cour, en se faisant l'époux d'une comédienne, dont il n'aspirait plus qu'à être l'amant heureux.

Mais qui donc a pu changer ainsi le cœur de Lucien, lui, il y a peu de temps encore, si tendre et reconnaissant ? Qui ? Mylord Darbil, cet Anglais qui, s'étant épris des charmes de la jolie chanteuse des boulevarts, vint jadis la trouver dans sa chambre, et lui offrir son amour, sa fortune, ce que Colombe repoussa pour rester fidèle à Lucien.

— Oui, mylord Darbil, qui a retrouvé la jeune fille sur une scène plus digne de son talent, mylord Darbil, plus amoureux que jamais de Colombe, et qui, dans l'espoir de s'en faire aimer, a juré de la priver de celui qu'elle lui préfère, espérant ensuite faire son profit du dépit amoureux de la jeune chanteuse et sur un triomphe facile.

— Or, pour en venir à ses fins, notre Anglais, soi-disant guéri de sa passion et n'aspirant qu'à l'estime, la société d'une femme à talent, s'est donc présenté chez Colombe, et, admis dans l'intimité, la confiance de la jeune fille à force de prévenances et de dévouement, le fils d'Albion a bientôt été au courant des secrets amoureux et de la position réciproque des deux amants. Il reconnut un amour sérieux, durable, capable de tous les sacrifices chez Colombe, tant que le cœur serait satisfait par les bons procédés; dans Lucien, beaucoup de faiblesse, jointe à beaucoup d'ambition : et notre Anglais avait donc résolu de faire son profit de ces découvertes.

Mylord Darbil, au titre de pair d'Angleterre, joignait celui de général anglais, c'est-à-dire que cet homme, qui récemment encore conduisait ses cohortes contre nos bataillons français, était bien en cour et le favori des princes, qu'il avait aidés à reconquérir un sceptre échappé aux mains inhabiles de leurs aïeux; or, mylord Darbil, instruit de la nouvelle position de Lucien Dastrel, s'était hâté de se faire l'ami de ce jeune homme, son inséparable, son protecteur à la cour, et

Lucien, honoré de l'amitié d'un personnage de si haute importance, s'était voué à lui et à ses conseils.

— Vous, destiné à être beaucoup un jour, mon cher; vous remplir un haut emploi dans le ministère ou celui d'ambassadeur, disait un matin mylord Darbil à Lucien, qu'il était allé visiter au château des Tuileries, nouvelle demeure du jeune sous-secrétaire des commandements du roi.

— Vous me flattez, mylord.

— Non, en vérité; vous avoir de l'esprit, de l'ambition, vous être distingué du roi, et avoir en moi, près de sa majesté, un protecteur beaucoup fort puissant.

— Je ne doute nullement, général, que votre protection ne me soit d'un grand secours...

— Yes, pour marier vous aussi avec une femme noble et beaucoup riche.

— Mylord, ne parlons pas de mariage; vous savez que le choix de ma femme est fait depuis long-temps.

— Goddem! vous être une petite sotte, qui auriez perdu le tête, en devenant le époux d'une comédienne.

— Mylord, j'aime Colombe, j'ai promis d'être son époux.

— Yes! yes! vous consentir à perdre la place à vous, à devenir un homme de rien.

— Pourquoi cela, mylord? ne peut-on épouser celle qu'on aime sans être menacé d'une disgrâce?

— Yes, bon dans le Angleterre, où un homme comme moi il peut se donner la satisfactionne de épouser une danseuse, une comédienne, mais en France, no, cela être stioupide, maladroit, et le moyen de faire chasser soi de la cour où l'on ne badine pas du tout avec la mésalliance.

— Vous me faites infiniment de peine, mylord, car j'aime Colombe, et je lui dois beaucoup.

— Gardez la petite pour maîtresse à vous, et vous, mon ami, épouser une fille riche et noble, ce qui sera facile dans la position de vous ; alors, la richesse, les honneurs, les hautes dignités pour vous, tandis qu'avec la petite chanteuse, vous, passer le existence dans le obscurité, la misère.

— Hélas ! vous avez raison, mylord, mais où trouverai-je, moi qui ne possède que ma place, une fille noble et riche qui consente à devenir ma femme, et à m'enrichir ?

— Ce être moi que se charge de cela, et qui le a déjà trouvé, goddem !

— En vérité ! exclame Lucien avec surprise.

— Yes, une fille beaucoup belle, beaucoup riche, beaucoup noble, et un contrat de qui signera le roi de France.

— Mais, c'est superbe cela! et cependant je ne puis accepter, car Colombe...

— La petite chanteuse consolera elle avec son premier amoureux, sir Jasme.

— Ah! mylord, pour qui prenez-vous Colombe? elle! la maîtresse de Jasme, jamais.

— Mon ami, vous être stioupide, aveugle, et moi, entre homme et femme jeunes, ne pas jamais croire à le amitié, mais bien à le amour, goddem!... Ce soir, moi vous mener chez le épouse que je donne à vous.

— Il faudrait que cette femme fût bien jolie pour me rendre infidèle envers Colombe.

— Elle être infiniment beaucoup belle.

— C'est ce que nous verrons, mylord... répondit Lucien. Et le soir même, ainsi qu'il l'avait promis, l'Anglais présenta Lucien Dastrel chez le comte Destival, dont il avait fait la connaissance à Londres il y avait cinq ans.

Lors de cette visite, la comtesse était absente; le comte et Florence reçurent seuls nos deux personnages, et entre eux s'établit un long et intime entretien, durant lequel Lucien eut tout le loisir d'admirer Florence, qu'il trouva belle, mais belle au-delà de toute expression.

— Eh bien! comment vous, trouver miss Florence? s'informe mylord Darbil en sortant.

— Admirable! exclame Lucien.

— Elle être noble et riche à un million. Trouvez-vous que le parti il soit plus avantageux que celui de la comédienne?

— Sans contredire, et cependant j'éprouve certains remords qui m'empêchent de me décider.

— Stioupidité! faiblesse! qui seront à

vous très-préjudiciable si vous ne prenez un ferme parti... Or, il s'agit, pour chasser ces niais scrupules, de battre froid à la petite chanteuse, de cesser les visites à vous chez elle, et de faire le oreille sourde lorsqu'elle fera entendre le mot mariage.

— J'essayerai, mylord, répondit Lucien à ces conseils.

Et le jeune homme n'a tenu que trop parole ; car, se cuirassant d'égoïsme, d'ingratitude, s'enivrant d'ambition, depuis ce temps, Lucien négligea Colombe.

Maintenant, sachons ce que sont devenus d'autres connaissances anciennes, que la multitude des événements à raconter nous a fait un peu négliger ; c'est-à-dire revenons à Chichotte et à Flouac le Gascon, que nous avons laissés tous deux dans la cour de l'ex-fournisseur des vivres, en train de faire charger le butin qu'ils emportaient de l'hôtel. Nos deux saltimbanques, chassés de la demeure du gros Piman, s'étaient donc réfugiés ensemble dans un appartement de la Chaussée-d'Antin, où leurs moyens pécuniaires leur permettaient de faire bonne et belle figure, car tous deux, en mêlant leur avoir, possédaient, tant en mobilier qu'en argent comptant, une valeur d'à peu près quarante-cinq mille francs. Or, il s'agissait de faire valoir ces fonds, de s'associer dans quelque entreprise. Flouac proposait d'acheter une administration théâtrale, Chichotte préférait un fonds de pâtisserie ou de confiseur, prétendant qu'il n'y avait jamais de perte dans ces sortes d'établissement, vu que, si on ne vendait pas la marchandise, on pouvait la manger. Cette proposition repoussée par le Gascon, qui se méfiait trop pour l'accepter, du goût infiniment prononcé de la jeune fille pour les friandises, arriva Lanturlu, qui, pour mettre les parties d'accord, et, connaissant à son tour la passion de Flouac pour le bien d'autrui, interposa son autorité, fit le partage de la somme, donna à chacun selon son droit, et fit entrer Chichotte bon gré mal gré à l'Opéra en qualité de seconde danseuse, cela, par la protection de M. le directeur des beaux-arts, qui trouva Chichotte fraîche et jolie, et promit de la protéger, de lui procurer de l'avancement. Voilà qu'à quelque temps de là, et de retour à Paris, qu'il prend à M. Boniface Piman la fantaisie d'aller à l'Opéra passer sa soirée, qu'il arrive à notre ex-fournisseur, de reconnaître sa belle Indienne Caba-Cabou, dans une des nymphes de l'olympe, que notre homme trouve Chichotte adorable, et qu'il s'enflamme de nouveau pour les formes féminines et voluptueuses qu'il aperçoit au travers des gazes qui forment le léger et diaphane costume de la danseuse.

Ce dont ne pouvait se rendre compte en ce moment Boniface Piman, était l'étonnante métamorphose qui, en si peu de temps, avait transformé en une danseuse médiocre et à gage, une princesse de l'Indoustan, veuve d'un riche et puissant nabab, ce dont notre richard se promit de s'informer le soir même à Chichotte elle-même; et comme à la voix de l'or, toutes les portes s'ouvrent aisément, le spectacle terminé, l'ex-fournisseur se présenta à la loge de Chichotte.

—Ah! bah! c'est vous, vieux monstre? s'écrie la jeune fille en reculant de surprise, à cette apparition inattendue...

— Ainsi donc! je ne m'étais pas trompé, c'est bien la belle Caba-Cabou que je retrouve sur les planches d'un théâtre!

— Oui, mon vieux, elle-même, qui, ruinée et adorant les arts, plus, inhumainement abandonnée pour vous, s'est faite danseuse à l'Opéra, où un peu de talent, beaucoup de gentillesse, lui assurent une fortune prochaine et solide... Mais vous-même, que venez-vous faire ici? me réclamer, me demander pardon et m'épouser?

— Épouser! pas tout-a-fait, belle nymphe, mais vous offrir mon cœur et une part de ma fortune.

— Dame! il y a dans tout cela quelque chose qui n'est pas à dédaigner... Voyons, faisons nos conventions.

— Parlez, belle déesse, je vous écoute.

— Je veux un hôtel à moi...

— Soit!

— Je veux vingt mille francs par an...

— Soit!

— Je veux une voiture à deux chevaux...

— Soit!

— Des diamants, des cachemires, et à ce prix votre amour la vie durant.

— Approuvé! je vous emmène à l'instant à mon hôtel, où nous signerons ces conventions, répond l'ex-fournisseur.

— Je ne vais que chez moi, où vous viendrez me voir demain matin, déjeûner et passer contrat.

— Cruelle!!!

— Il n'y a pas de cruelle qui tienne;.. je sais que vous êtes un gros scélérat, et je ne veux pas me faire attraper par vous. Le lendemain, l'ex-fournisseur se rendit à l'invitation; huit jours après, Chichotte roulait voiture et prenait possession, rue de Clichy, de l'hôtel qu'on venait d'acheter et meubler pour elle; puis, elle s'intitulait mademoiselle Mirabella, artiste de l'Académie royale de Musique. Quant à Flouac, l'intervention de Lanturlu étant venue contrarier son projet, qui n'était autre que de s'emparer du magot de Chichotte et de décamper avec, réduit à une simple part de vingt mille francs, il se mit en tête de monter un cabinet d'affaires, de se faire avocat consultant, toujours par amour pour le bien d'autrui, et, à cette intention, à louer un petit entresol, situé dans le quartier Saint-Denis, où il attend le client bénévole, comme le chat attend la souris. Maintenant, suivons notre histoire, et voyons Colombe, assise tristement sur le divan de son boudoir, le coude sur un coussin et la tête appuyée dans sa main, voyons avec regret les larmes qui s'échappent de ses beaux yeux, qui d'instant en instant se portent sur une pendule dont l'aiguille marque la dixième heure du soir.

— Hélas! n'a-t-il pas reçu ma lettre! reste-t-il sourd à ma douleur, à mes prières! Lucien! Lucien! est-ce là la conduite d'un ami, est-ce ainsi que votre cœur entend la reconnaissance... Mon dieu, ne viendra-t-il pas? ne m'aime-t-il donc plus du tout?.. Ces mots prononcés d'un accent douloureux, le bruit d'une voiture qui entrait dans la cour, se fait entendre. Colombe alors laisse échapper un long soupir de joie, car elle ne doute pas que ce ne soit Lucien, Lucien qu'elle attend depuis quatre heures, qu'elle n'a pas revu depuis deux mois, enfin, Lucien qui semble la fuir, l'éviter. Un bruit de pas dans la chambre qui précède le boudoir. Colombe, ivre d'espérance, se précipite vers la porte, et pensant tomber dans les bras de Lucien, c'est mylord Darbil que son regard aperçoit.

— Vous, mylord! s'écrie la jeune fille en reculant de surprise.

— Moi-même, belle prima-donna, qui, sachant vous dans une cruelle attente, viens apporter à vous consolation et courage.

— Je ne vous comprends pas, mylord.... Qui vous a dit que j'attendais quelqu'un?

— Le petit ingrat, à qui vous avoir écrit ce matin et qui se moque des pleurs de la beauté.

— Ainsi, M. Dastrel vous a fait part de la lettre que je lui ai écrite? s'informe Colombe avec indignation.

— Infiniment beaucoup mieux; le petit l'avoir donnée à moi, comme modèle de style et de amour, répond l'Anglais en tirant la lettre de sa poche et la montrant à la jeune fille, qui, pâle et tremblante, a peine à conserver sa raison.

— Vous être furieuse, n'est-ce pas, miss?

— Dites, indignée d'une semblable conduite, d'un changement aussi subit qu'impoli, de la part de M. Dastrel, à qui j'accordais à tort, il est vrai, de bonnes qualités, de plus nobles sentiments, répond Colombe avec calme.

— Vous avoir beaucoup raison, miss, et moi désespéré, beaucoup chagrin...

— Et de quoi donc? mylord.

— De avoir accepté près de vous une mauvaise mission.

— Expliquez-vous, mylord...

— Ce petit Dastrel avoir chargé moi de beaucoup de choses désagréables infiniment...

— Mais encore, parlez; quelles sont ces choses?.. reprend Colombe avec impatience.

— Et moi, amoureux beaucoup fort de vous, avoir pensé tout de suite être le consolateur à vous; enfin, miss, vous savoir que sir Lucien Dastrel va marier lui avec une petite noble beaucoup riche! Colombe, à cet aveu, pâlit et se sent prête à défaillir;

mais, ne voulant point montrer sa faiblesse au fils d'Albion, la jeune fille s'arme de tout son courage, et sa ferme volonté surmonte sa faiblesse.

— Ah! Lucien va se marier? dit-elle seulement.

— Yes, avec une petite femme beaucoup fort jolie, que lui avoir trouvée à la cour, et poussera lui dans les honneurs.

— Ainsi, refusant de m'apprendre lui-même ce mariage, c'est vous, mylord, qu'il a chargé de cette commission?

— Yes, moi refuser d'abord, puis penser que vous, dégagée d'un amant ingrat, vous daigneriez accepter le offre de ma main et de mon fortune.

— Vous êtes trop généreux, mylord.

— Vous accepter?....

— Non, pas encore; car il y aurait bassesse, tromperie, chez la femme qui se donnerait à vous, le cœur encore plein d'amour pour un autre, un cœur froissé, malheureux et incapable, en cet état, de répondre dignement à votre générosité... Mylord, vous retournerez près de celui qui vous envoie, vous lui direz, de ma part, que s'il n'est pas le plus ingrat, le plus déloyal des hommes, il m'accordera un seul et unique entretien; dites-lui, qu'en consentant à m'entendre, il n'a rien à redouter pour ses projets nouveaux, et qu'aucune plainte, aucun reproche, ne s'échapperont de ma bouche.

—Yes, miss; et cependant moi être encore chargé d'apprendre à vous, que le petit il ne veut plus du tout jamais présenter lui à vous.

— Faites ce dont je vous prie, mylord, et ma reconnaissance sera éternelle.

—Yes, yes, miss, moi ferai cela par amour passionnément fort pour vous, pour vous! dont moi y être infiniment beaucoup amoureux, qui désire faire vous lady, riche, brillante, souveraine à moi, heureuse comme la reine d'Angleterre.

— Merci, merci, mylord, de vos bonnes intentions à mon égard, de ce sentiment qui m'honore ; mais plus un mot de tout cela en ce moment, et, pour mettre le comble à votre générosité, veuillez permettre à une pauvre femme bien triste, bien affligée, de se livrer en ce moment, sans témoin, à toute l'amertume de sa douleur.

— Yes, moi comprendre et obéir à vous spontanément tout de suite, répond l'Anglais en quittant la place qu'il occupe près de Colombe, sur le divan.

— Au revoir, mylord.

— Yes, au revoir vous bientôt, miss chérie.

— M'oublier, me délaisser pour une autre,

lui que j'ai tant aimé et que j'aime encore de toute la force de mon âme!... Lucien, Lucien! est-ce donc là ce que je devais attendre de toi? est-ce ainsi que tu devais récompenser l'amour le plus généreux, le plus noble désintéressement? s'écrie Colombe, restée seule et en sanglotant. Puis, la nuit pour elle de se passer en larmes et soupir.

C'est à la demeure de Lucien que mylord Darbil s'est aussitôt rendu, après avoir quitté la jeune fille ; chez Lucien, qui, le voyant entrer, se hâte d'accourir à sa rencontre, en l'interrogeant du regard.

— Je ai vu la comédienne, moi, fait entendre l'Anglais avec froideur.

—Colombe! Eh bien! que dit-elle de mon absence, de mon abandon, de mon indigne conduite?... s'informe vivement Lucien.

— La petite rire beaucoup fort, appeler

vous ingrat, polisson, et ne plus voir vous jamais du tout.

— Colombe a ri, dites-vous, et me défend de la revoir?...

— Yes, elle beaucoup plaisanter et chasser vous de la présence à elle.

— Vous ne lui avez donc pas touché quelques mots concernant le mariage brillant que je convoite en ce moment?...

— Yes, yes; et que, mari d'une comédienne, vous serait tout de suite perdu de réputation.

— Et en apprenant que je ne peux être son époux, que je songe à m'unir à une autre, Colombe a ri?... Oh! non, cela est impossible! elle m'aime trop pour se réjouir de ma perte!

— Colombe avoir aussi un mariage superbe en vue; elle devenir la femme d'un prince étranger.

— Oh! n'importe, je veux la revoir, m'assurer par moi-même de cet étrange changement! s'écrie Lucien avec feu.

— La petite chanteuse défendre à vous de aller chez elle ; elle fermer son porte sur le cz à vous, elle disait à moi fort malhonnêtement...Or donc, demander, vous, tout de suite, la main de miss Florence Destival, et consoler vous avec de nouveaux amours et beaucoup fort des guinées.

— Ma foi, oui, mylord, vous avez raison! à moi la beauté! la fortune! les honneurs! Fi d'une mésalliance! et bien sot celui qui lâchement se sacrifie à de niais scrupules, à l'amour d'une femme! Ainsi donc, qu'un riche présent, de ma part, récompense Colombe de ce qu'elle a fait pour moi, qu'une amitié sincère remplace l'amour qu'elle m'inspira jadis, et je serai quitte envers elle!... A propos, mylord, savez-vous une chose étrange?

— Non, pas savoir du tout.

— Eh bien! apprenez donc que je crois avoir un rival près de mademoiselle Destival, dans ce cher Jasme qu'hier, à ma grande surprise, j'ai trouvé chez le comte, en petit comité avec la comtesse et Florence la belle.

— Goddem! ce petit saltimbanque, lui oser lever les yeux sur le soleil à nous! No! no! cela n'être pas possible! fait l'Anglais avec colère.

— Au reste, je m'alarme peut-être inutilement, et le temps m'apprendra ce que j'ai à craindre de ce pauvre garçon, que j'aime sincèrement, et à qui il me coûterait de faire du chagrin.

— Cela être égal, vous se hâter tout de suite de faire demander la main de la petite miss, à l'oncle d'elle, et moi se charger de ce soin.

— Combien je vous aurai de reconnaissance, mylord ; mais ne vous alarmez pas plus que moi de la présence de Jasme en cette noble maison, car le jeune homme, quoique récemment avoué pour le neveu du marquis de Volnis, et enrichi de fraîche date, n'est nullement dangereux à nos projets, en ce qu'un mot échappé de ma bouche ferait de suite chasser de cette demeure ce bateleur parvenu, dont l'oncle, quoique bien en cour, me produit l'effet d'un intrigant audacieux.

CHAPITRE VI.

Il n'est donc que trop vrai que l'ambition étouffe les qualités du cœur.

Incidents divers.

Oui, ce fut moi, pauvre enfant sans famille ni asile, que vous secourâtes jadis, dans un humble hôpital; oui, ce fut moi, oh! ma belle amie, ma noble et douce Florence, qui, artiste sans talent, osa se montrer et échouer sur une scène brillante où, croyant reconnaître le malheureux de l'hospice de Chartres, vous daignâtes l'encourager de vos précieux bravos ; c'est encore moi qui, le cœur rempli pour vous d'une violente passion, d'un amour sans espoir, chaque jour se rendait aux Tuileries pour admirer vos charmes et vous jurer du fond du cœur une fidélité, une adoration de toute la vie. Ah! combien alors j'étais loin de m'attendre que le ciel, prenant mon amour, ma douleur en pitié, me parerait bientôt des dons de la fortune, afin de me rapprocher de vous!

— Merci, merci de ces aveux, de cette noble franchise, qui ne diminue rien de l'estime que je vous porte ; merci d'avoir rassuré mon cœur, éclairci le trouble où le plongeaient une étonnante ressemblance, l'image, le souvenir de l'enfant de l'hospice, et la présence du neveu du marquis de Volnis; car, Léon, franchise pour franchise : sachez que le cœur de Florence n'était point resté calme en vous apercevant à Chartres, qu'il emporta votre douce image, et qu'en la retrouvant à Paris, le tendre pressentiment d'un heureux avenir le fit tressaillir de bonheur et de joie.

— Chère Florence! combien vos douces paroles raniment ma confiance, moi qui tremblais que l'aveu de mon obscure condition ne me privât de votre tendresse, et cependant, Florence, c'eût été un crime, un lâche abus à mes yeux que mon silence à cet égard, et d'abuser par un effronté mensonge celle qui, en moi, daigne ce jour placer son amour et sa confiance.

— Léon, est-ce bien ce soir que votre oncle demande pour vous, ma main, au comte Destival? s'informe Florence d'une voix douce, en pressant la main de Jasme dans les siennes, en fixant sur les siens des yeux pleins d'une tendre expression.

— Oui, c'est ce soir que se fera cette demande, ce soir que mon bonheur ou mon malheur se décide.

— Espérons, mon ami, mon oncle estime fort le vôtre.

— Hélas! si le comte Destival vous refusait à mon amour, je n'aurais plus qu'à mourir, ma Florence!

— Mourir! Non vous, Léon, mais moi, qui serais malheureuse alors plus qu'on ne peut le croire.

— Allons! chassons ces tristes pensées, mon amie, et plaçons notre espoir dans le ciel, qui jusqu'alors nous a protégés dans cette vive amitié que me témoigne madame Destival, précieuse et puissante protectrice près d'un époux qui l'aime et l'honore.

— Léon, quel heureux ménage sera le nôtre! dit la jeune fille en souriant.

— Que d'amour, de bonheur, y seront réunis! répond Jasme.

— Nous habiterons souvent la campagne, ma terre de Touraine ; là, nous serons plus libres de nous voir, de nous aimer, de nous le répéter cent fois le jour ; puis, nous y ferons venir cette belle et bonne Colombe, votre sœur d'adoption, dont vous me dites tant de bien, et que j'aime déjà comme une tendre sœur.

— Oh! oui, ma Colombe, mon ange tutélaire, car, sans elle, pas de bonheur parfait pour moi.... Florence, que ne la connaissez-vous davantage, combien vous rendriez justice à ses rares et douces qualités!... Elle aussi va bientôt se marier, épouser un noble et beau jeune homme ; enfin Lucien Dastrel, que mylord Darbil vous a présenté ces jours derniers.

—Oui, je me le rappelle, le sous-secrétaire

des commandements du roi... Ce jeune homme est charmant, et je suis persuadée que Colombe sera heureuse avec lui.

— Je le crois aussi, car il l'aime comme je t'aime, ma Florence.

— Je crois, monsieur, que vous venez de me tutoyer.

— Vous croyez? Ah! c'est qu'il est si doux de parler le langage du cœur, Florence! use donc de représaille, et que ta jolie bouche me fasse entendre : Léon, je t'aime.

— Je n'ose! répond la jeune fille en rougissant et baissant les yeux.

— Enfant! pourquoi craindre de faire un heureux! Allons, dis ces mots charmants : Léon, je t'aime!

— Léon, je t'aime pour la vie! balbutie Florence, en laissant tomber sa jolie tête sur le sein de Jasme, afin d'y cacher sans doute sa rougeur ; et Jasme, électrisé par ce précieux attouchement, de déposer cent baisers sur le front de la timide jeune fille, qui frémit en les recevant, et en restitue un pour tous, mais un bien tendre, bien précieux pour Jasme.

Cet entretien, qui se tenait un après-midi, dans un des petits salons de l'hôtel du comte Destival, durant la courte absence de la maîtresse du lieu, sortie pour donner quelques ordres à ses gens, fut en cet instant interrompu par le retour de cette dernière, qui, sans paraître prendre garde au trouble des amanst, vint s'asseoir près d'eux, et entamer un aimable entretien; cela, le sourire sur les lèvres, ainsi qu'il en était sans cesse lorsque cette tendre et pauvre mère admirait avec ivresse et bonheur la tête charmante d'un fils qu'elle adorait mais ne pouvait avouer, d'un fils qui dans elle ignorait une mère.

— Léon, avez-vous terminé, mon ami,

la copie des notes importantes et secrètes que le comte, mon époux, a confiée à vos soins, à votre discrétion ? s'informe madame Destival.

— Le tout est prêt, et j'attends M. le comte pour lui rendre ces papiers.

— Je vous félicite sur votre promptitude, car ce travail était long et pénible.

— Une nuit de silence et d'application m'a suffi pour remplir cette tâche, répond Jasme.

A ces mots, suit une longue causerie, puis le retour du comte Destival, accompagné, à la grande surprise de Jasme et des deux dames, de Lanturlu, sous le bras de qui le sien est familièrement passé. Les deux nouveaux venus s'asseyent après avoir salué. La comtesse, que la présence de Lanturlu remplit sans cesse de honte et de crainte, baisse les yeux sur la tapisserie dont elle s'occupe en ce moment, et s'efforce de comprimer les violents battements qui agitent son sein.

— Madame, voici notre ami le marquis de Volnis, qui vient, d'après mon invitation, réitérer, en votre présence, la demande honorable qu'il m'a adressée, demande à laquelle je souscrirai avec empressement, si tel est votre bon plaisir et celui de Florence, qu'elle concerne particulièrement. A ces paroles, les jeunes gens, qui ont déjà deviné, de rougir et sentir battre leur cœur.

— Daignez vous expliquer, monsieur le marquis, fait entendre la comtesse d'une voix émue.

— Madame, j'ai osé, il y a un instant, adresser à M. le comte Destival la demande de la main de votre charmante nièce, pour mon neveu, Léon Dormer.

— De même, monsieur, je souscris avec plaisir à cette union honorable, puisqu'elle convient à M. le comte; il ne s'agit donc plus que de consulter notre nièce, à qui je conseille de répondre avec franchise et sans contrainte.

— Oui, sans contrainte! Allons, Florence, réponds. Veux-tu de ce cher Léon pour mari? s'informe le comte avec bonté, et en fixant Jasme, qui, rouge comme un coq de bruyère, les yeux baissés, ose respirer à peine.

Florence, très-disposée à dire oui vingt fois pour une, n'ose cependant faire entendre ce mot heureux, qu'arrête la modestie sur ses lèvres, et c'est dans le sein de sa tante qu'elle court cacher sa jolie tête, sa honte, son embarras et balbutier un oui bien bas, que la comtesse répète tout haut avec joie.

— Alors, soyez époux, enfants, et à bien tôt la célébration. A nous deux, moncher marquis, le soin d'établir la fortune de ce jeune ménage.

Jasme, ivre de bonheur et de joie, se précipite aux genoux du comte, dont il baise les mains avec reconnaissance. M. Destival relève le jeune homme, le presse dans ses bras, d'où Jasme ne s'échappe que pour aller se prosterner aux pieds de la comtesse et de Florence, de la comtesse qui, émue jusqu'aux larmes, embrasse et bénit les deux jeunes gens. Quelques instants encore, et le comte, ainsi que Lanturlu, engagent Jasme à les suivre, ce à quoi se rend ce dernier avec plus de surprise que de contentement. C'est dans le cabinet de M. Destival qu'ils viennent de s'enfermer tous les trois, où, après avoir pris des siéges, Lanturlu engage Jasme à l'écouter.

— Mon cher Léon, continue Lanturlu, rendez grâce à la générosité, à la noble indulgence du meilleur des hommes, du comte de Destival enfin, qui, après l'aveu le plus terrible, le plus dangereux dans la circonstance où nous nous trouvons, consent encore à vous accepter pour l'époux de sa noble et belle nièce. Cet aveu, Léon, n'est autre que l'illégitimité de votre naissance; cet aveu est celui d'une de mes fautes ; enfin, que Léon Dormer, dont jusqu'alors je me suis dit être l'oncle, est mon fils, mon propre fils naturel...

— O ciel! vous mon père, monsieur, serait-ce possible? s'écrie Jasme au comble de la surprise.

— Oui, Jasme de Volnis, je suis ton propre père, j'en prends le ciel à témoin! s'écrie Lanturlu en ouvrant ses bras dans lesquels le jeune homme se précipite.

— Et ma mère! ma mère! s'écrie Jasme

les yeux mouillés de larmes, après maints embrassements.

— Ta mère, mon fils, elle n'est plus; fille d'un noble provincial, séduite par moi, elle mourut en te donnant le jour, avant qu'une union désirée me permît de réparer son honneur, répond Lanturlu avec attendrissement.

— Ah çà, mais, cher marquis, qui, depuis vingt ans, vous a empêché de reconnaître ce jeune homme? s'informe M. Destival, tout ému par cette scène.

— Ne vous ai-je pas dit, monsieur le comte, qu'agent d'une conspiration contre Bonaparte, je fus forcé de fuir, de quitter la France le lendemain de la naissance de ce fils, que le hasard seul m'a fait retrouver?..

— En effet, j'avais oublié; mais j'espère qu'avant l'hymen projeté, vous vous empresserez de remplir ce devoir!

— Demain, je reconnais publiquement Jasme de Volnis pour mon fils et l'héritier de ma fortune.

— Alors tout sera bien, et je tiendrai ma parole, répond le comte.

Encore un long entretien, et Lanturlu, Jasme, prennent congé de M. Destival, de la comtesse et de Florence.

Aussitôt sortis de l'hôtel, Jasme, s'adressant à Lanturlu :

— De grâce, dit-il, veuillez me sortir de la pénible perplexité dans laquelle je me trouve, et m'apprendre si tout ce que je viens d'entendre est véritable; dites-moi, mon ami, si réellement, en sus de tous les bienfaits dont vous m'accablez, je dois encore en vous remercier et chérir un père!

— Oui, Jasme, tu es mon fils ; et pour quel autre qu'un enfant bien-aimé agirais-je ainsi que je le fais!

—Oh! oui, oui, à tant de bonté, de générosité, je dois reconnaître et chérir en vous l'auteur de mes jours... Ainsi, je n'ai plus de mère? ajoute le jeune homme en pressant Lanturlu dans ses bras.

— Je te l'ai dit, ta mère est morte en te donnant le jour.

— Hélas! soupire Jasme.

C'est vers la demeure de Colombe que se dirigent le père et le fils; de Colombe, à qui Jasme désire faire part de son bonheur, et que tous deux trouvent triste et pensive.

— Qu'as-tu donc, sœur? s'informe Jasme avec inquiétude, en entourant, de son bras caressant, la jolie taille de la jeune fille.

— Je suis souffrante, mes amis, et surtout bien chagrine!

— O ciel! et moi qui venais t'apprendre mon bonheur, te présenter mon père!...

— Ton père, Jasme! fait Colombe avec surprise.

— Oui, le voilà, c'est ce bon Lanturlu ; vois comme il me sourit, comme il m'aime !

— Jasme dit-il vrai!... s'informe Colombe en se ranimant.

— Oui, Colombe, l'enfant confié jadis par moi à Marguerite, paysanne du village de Jassy en Touraine, et ayant nom Jasme, est mon fils, le fruit d'un amour malheureux, l'enfant dont l'exil me tint éloigné dix-sept ans.

— Mais, qui me fit reconnaître à vous? s'informe Jasme.

— Ton nom d'abord, et certain papier dont tu t'emparas en fuyant de chez l'avare Triboulet, et qui tomba dans mes mains lors de notre fuite de l'étable incendiée.

— Mais cet état de prestidigitateur, ce nom de Lanturlu?... s'informe Colombe.

— L'un et l'autre, pris par moi, afin de

cacher mon véritable nom et mes titres, en rentrant clandestinement en France, d'où j'étais banni par un décret, en qualité de conspirateur.

— Tout s'explique, dit Jasme.

— Oui, tu as un père, tu es heureux, Jasme, et je remercie le ciel.

— Oh! tu ne connais pas tout mon bonheur encore, chère sœur ; sache donc qu'aujourd'hui même le comte Destival vient de me promettre la main de Florence, de Florence qui désire te connaître, qui t'aime parce que je t'aime.

— Et toi, Colombe, as-tu donc encore à désirer, qu'au milieu de la joie que t'inspire le bonheur de Jasme, tu laisses échapper de pénibles soupirs? dit Lanturlu, que nous continuerons d'appeler ainsi, sachant particulièrement que le nom de Volnis ne lui appartient pas.

— Oui, beaucoup à désirer, car je ne suis point heureuse, répond Colombe en versant une larme qui vient tomber sur la main de Jasme.

— Cependant tes succès dans ton art croissent chaque jour, la fortune te sourit, et l'amour...

— Voilà mon tourment, fait Colombe, en interrompant Lanturlu.

— Quoi! aurais-tu cessé d'aimer Lucien, un autre amour occuperait-il ton cœur? interroge Jasme.

— Lucien ne m'aime plus, me délaisse, et bientôt il va s'unir à une autre femme, sans pitié pour celle qui lui donna tant de preuves d'amour et d'attachement.

— Mille dieux! quoi! ce foutriquet, ce meurt-de-faim parvenu par tes soins ose se conduire ainsi envers sa bienfaitrice! s'écrie Lanturlu en se levant furieux. Colombe, à cet emportement, baisse les yeux, pleure, et ne répond plus.

— Eh bien! que t'ai-je dit, Colombe, après avoir vu ce noblion pour la première fois? Que son regard, qui ne se fixe jamais droit sur vous, avait quelque chose de faux, enfin, que ce Lucien ne m'inspirait nulle confiance, et qu'il fallait se méfier de lui; m'étais-je trompé?... reprend Lanturlu, en arpentant la chambre à grands pas.

— Ainsi, il oublie ton amour, tes bienfaits? fait entendre Jasme.

— Tout, hélas! car il me repousse, me fuit, et en aime une autre, soupire la jeune fille.

— A propos! j'oubliais de vous faire part de la surprise, de la crainte même que m'a occasionnée, il y a peu de jours, la présence de Lucien chez le comte Destival, où l'a présenté mylord Darbil, dit Jasme.

— En vérité ?... quoi ce freluquet ! aurait-il par hasard la funeste pensée d'aller sur nos brisées ! en tous cas, il arriverait trop tard.

— En ce que nous avons la parole du comte, ajoute Jasme aux paroles de Lanturlu.

— N'importe ! sa présence chez M. Destival m'inquiète, et je veux, je dois m'informer du motif qui l'attire dans cette famille.

A peine Lanturlu a-t-il prononcé ces mots que le bruit d'une voiture se fait entendre dans la cour, et qu'un instant après la porte de la pièce où sont réunis les trois amis s'ouvre pour donner passage à une femme d'une mise élégante et riche, dans qui Colombe, avec surprise, reconnaît aussitôt Chichotte, laquelle vient se jeter dans ses bras avec force démonstrations.

— Chichotte! exclament nos trois personnages.

— Eh oui! c'est moi, hupée et bien ficelée, de plus, descendue de mon équipage, qu'est en bas dans la cour, pour venir voir ma petite Colombe et renouveler connaissance.

— Sois la bien-venue, Chichotte, répond Colombe en faisant asseoir la visiteuse à ses côtés.

— Comment vont la danse, l'opéra? dit Lanturlu.

— Comme sur des roulettes, mon bonhomme; à preuve, que notre chef de ballet me disait encore hier que j'acquérais infiniment de volupté dans la rotule et d'éloquence dans le coude-pied, sans parler de mes temps de cuisse et de mes balonnés aériens que je perfectionne.

— Je ne m'étonne plus qu'avec tant de

talent la fortune te vienne aussi vite, petite, ce qu'annonce cette toilette magnifique, cet équipage somptueux que j'aperçois par cette fenêtre.

— Eh bien, vous n'y êtes pas du tout, Lanturlu, car, malgré mes progrès dans la danse, j'en suis toujours à mes appointements de huit cents francs ; mais comme vous, mon cher maître, j'ai trouvé le moyen de faire fortune et de rouler voiture en peu de temps.

— Est-ce en rentrant dans vos titres et la fortune de votre famille, ainsi qu'il est arrivé au marquis de Volnis, s'informe Jasme en souriant.

— Du tout ! vu que je n'ai ni famille ni fortune, mais, franchement, en acceptant les propositions obligeantes de M. Boniface Piman.

— Quoi ! malgré l'aventure, le cher

homme est revenu à la charge? s'écrie Lanturlu en riant.

— Sans doute, le bon homme était trop amoureux de ma personne pour y renoncer comme ça de but en blanc.

— Quoi, Chichotte! tu as échangé ton honneur contre la richesse! Malheureuse! je te plains! fait Colombe avec regret et sévérité. En entendant ce reproche, Chichotte pince les lèvres, rougit presque et baisse le nez ; mais, se remettant aussitôt :

— Qui te parle d'échange? Ne puis-je écouter un homme qui offre de m'épouser, et, en attendant notre mariage, me prête sa voiture et sa bourse? répond Chichotte.

— S'il en est ainsi, tu es plus imprudente que coupable; mais prends garde, ma chere amie : les hommes envers nous, pauvres femmes! ne sont jamais généreux en vain.

— Il n'y a pas de danger, Boniface Piman n'est rien moins que séduisant; demande plutôt à Lanturlu.

— Dites le marquis de Volnis, Chichotte, car tel est le véritable nom de mon père, fait Jasme.

— Votre père! qui? Lanturlu? dit la jeune fille, qu'on s'empresse de mettre au courant de tout.

— En v'la une drôle d'aventure! un escamoteur qui se fait prince indien, et devient tout-à-coup marquis et papa d'un grand garçon!... A propos d'escamoteur! je vous dirai, marquis de Lanturlu, que mon Boniface Piman est diablement en colère contre vous, au sujet d'un certain bon de vingt mille francs qu'il prétend...

— Assez! je sais de quoi il est question, et me propose d'aller régler cette affaire avec cet homme, interrompt brusquement Lanturlu, en fixant un regard sévère sur Chichotte, qui se mord les lèvres et se tait.

— Tu demeures... petite? s'informe Lanturlu, reprenant.

— Rue de Clichy, 29, dans mon hôtel, où je vous convie tous à dîner un de ces jours!... Oh! je vous traiterai soigneusement; car, moi, je ne connais qu'une chose, celle de bien déjeûner, dîner et souper.

— Çà, on connaît ton goût pour la bonne chère; mais prends garde, gourmande : une silphide qui mange trop perd sa fine taille, et les planches de l'Opéra repoussent l'obésité, dit Lanturlu.

— L'Opéra! je m'en moque! fi de ses huit cents francs, et vive la liberté! Ah çà, n'oubliez pas mon adresse : madame Mirabella, artiste de l'Académie royale de Musique, 29 rue de Clichy, répète Chichotte en se levant pour prendre congé des amis, dont elle s'éloigne après avoir annoncé une visite prochaine, et suivie de Lanturlu, qui, curieux de s'entretenir avec elle sans témoins, s'est offert pour l'accompagner. Jasme et Colombe, restés seuls ensemble, s'entretiennent de leur position ; le jeune homme en parlant de Florence, du doux bonheur d'être son époux, la jeune fille en pleurant et regrettant l'infidèle Lucien.

— J'ai tort, bonne sœur, de t'entretenir de mes joies, lorsque tu es malheureuse ; ah ! pardonne à ton frère, car il donnerait la moitié de son propre bonheur pour que tu sois heureuse.

— Je le sais, mon Jasme, je connais ton cœur.

— Oh ! sois tranquille, Colombe, je verrai Lucien, lui reprocherai sa conduite et te le ramènerai amoureux et repentant.

— Je ne l'espère pas, Jasme, car l'ambition a tué l'amour dans le cœur de Lucien, et le mal est sans remède! répond Colombe tristement.

— Ah! que tu dois souffrir, sœur ! je compare ton mal à celui que j'éprouverais si je perdais ma Florence, s'il me fallait renoncer à un être si cher.

— Non, Jasme: heureux en amour, tu ne peux apprécier tout ce qu'a de cruel l'abandon et la jalousie.

— La jalousie! oh, si ! car, lorsque je te vis aimer Lucien, quelque chose de douloureux s'éleva dans mon cœur; et cependant déjà j'avais vu Florence, mais je crois qu'alors je t'aimais plus qu'elle.

— Jasme, l'amitié a ses jalousies comme l'amour; voilà qui explique ce que tu as ressenti en me voyant partager avec un autre la tendresse que jusqu'alors j'avais vouée à toi seul. Ainsi causaient les deux jeunes gens, enlacés dans les bras l'un de l'autre et se pressant amicalement les mains.

CHAPITRE VII.

On vit souvent son progrès que bizarre récolte sa rapporter

On fait souvent son profit d'une histoire écoutée aux portes.

Déception et Épisode.

Je vous le répète, je suis désespéré, mylord, j'ai donné ma parole et ne peux la retirer; j'estime fort votre protégé, mais il arrive trop tard, disait, huit jours après les derniers événements, le comte Destival à mylord Darbil, qui venait de lui faire la demande de la main de Florence pour Lucien Dastrel.

— Vous, retirer une parole beaucoup fort imprudente; une noble famille ne peut se allier avec des intrigants.

— Mylord, ignorez-vous que c'est au fils du marquis de Volnis, au fils d'un homme bien en cour, que j'accorde la main de ma nièce? répond M. Destival avec sévérité.

— Moi, savoir fort bien, mais vous ne pas savoir du tout et être trompé beaucoup fort.

— Expliquez-vous donc, mylord?

— Moi, avoir pris des renseignements avant de adresser moi à vous, et avoir appris que le marquis de Volnis n'être pas le marquis de Volnis, mais un effronté comédien, bateleur...

—Je connais les aventures de Volnis, qui, compromis dans une conspiration, fut forcé de fuir la France, et, désireux de retrouver un fils qu'il y avait laissé en bas-âge, y rentra après dix-sept ans d'absence, en cachant son nom et sa qualité sous l'enveloppe d'un comédien; mais le retour des Bourbons, en renversant dans l'empereur, l'ennemi du marquis, lui a enfin rendu ses titres et son rang.

— Et moi, prouver à vous que cet homme être roturier, et maintenant l'espion du pavillon Marsan, celui des princes, dernier titre qui avoir mérité à lui celui de marquis de Volnis.

— Mylord, êtes-vous certain de ce que vous avancez? Vos révélations sont graves, songez-y, car moi-même étais présent à l'audience que cet homme obtint de sa majesté, à qui il se présenta en qualité de fils de défunt le marquis de Volnis.

—Yes! affaire convenue entre le duc de*** et ce aventurier, répond l'Anglais.

—Quel sujet força donc le duc de tromper sa majesté, et de lui présenter un vagabond en qualité de descendant d'une noble famille?

— Dans l'intention de s'assurer un espion dévoué dans ce homme, dont le titre et la naissance supposés devaient éloigner tous soupçons.

Le comte reste un instant muet de surprise et d'indignation ; mais, doutant encore, il exige des preuves de ce que mylord Darbil ose avancer, et l'Anglais, sans plus attendre, l'engage à vouloir bien l'accompagner au palais des Tuileries, où le duc de ***, indigné de l'audace de Lanturlu, lui dévoilera cet homme entièrement; ce qu'accepta le comte Destival, et fit qu'il suivit mylord Darbil, pour n'être de retour à son hôtel que long-temps après ; à son hôtel, où il rentra le front soucieux, la colère, l'indignation peintes dans le regard. C'est à l'appartement de la comtesse qu'il se rendit d'abord, où il trouva cette dame seule avec Florence.

— Qu'avez-vous donc, mon ami? s'informe aussitôt Mad. Destival, effrayée par l'expression de sévérité empreinte sur la figure de son époux.

— Dites ce que j'éprouve, madame, et je vous répondrai que jamais homme ne fut plus humilié, plus audacieusement trompé que moi!

—En vérité! expliquez-vous, comte.

—D'abord, madame, veuillez donner des ordres sévères pour que le prétendu marquis de Volnis ainsi que son fils soient jetés à la porte de cet hôtel, s'ils osaient encore s'y présenter.

— Jetés à la porte! mon Dieu! pourquoi cette rigueur, et que s'est-il donc passé? interroge la comtesse, pâle et tremblante, tandis que Florence, non moins surprise, fixe son oncle avec effroi.

— Ce qu'il y a, madame? Que cet homme qui se pare insolemment d'un titre qui ne lui appartient pas, que cet homme qui osait prétendre à notre alliance, et m'offrir son fils pour l'époux de notre nièce, n'est autre qu'un vil intrigant, le fils d'un paysan des terres du duc de ***, qui, échappé de chez son père, s'est fait saltimbanque, puis comédien, et en dernier lieu, par l'audace la plus incroyable, homme de cour et l'infâme espion des princes, au service du duc de ***, lequel, indigné de son audace, fatigué des exigences de cet homme, l'a chassé il y a deux jours de son service, et m'a fait mander ce jour afin de me prévenir et m'empêcher d'être plus long-temps la dupe de cet effronté coquin ! Eh bien ! qu'avez-vous, madame ? Pourquoi cet air consterné? ce désordre que je remarque en vous, et qui arrête la parole sur vos lèvres?

— La surprise, monsieur le comte, et toute la douleur que j'entrevois chez ces pauvres enfants, qui s'aiment déjà, répond tristement la dame.

— Quoi! souffririez-vous que je donnasse ma nièce au fils d'un saltimbanque, d'un espion?

— Hélas! Jasme, si doux, si dévoué pour vous, est-il donc responsable des torts de son père? Grâce pour ce jeune homme, monsieur, par pitié pour les pleurs qui en cet instant mouillent les yeux de Florence.

— Parbleu! madame, voilà de la pitié bien mal placée, et que je ne puis comprendre! Quoi! au lieu de partager mon indignation, mon mépris pour des aventuriers, vous intercédez en leur faveur? Allons donc! ceci est absurde, déplacé!... Et vous, Florence, trève à ces larmes, songez à votre rang, à votre dignité; rendez grâce à l'ami qui, en me prévenant à temps, vous a sauvé de l'alliance honteuse que, dans ma sotte crédulité, j'allais vous faire contracter.

— Ah, monsieur! serez-vous donc inflexible envers Jasme?

— Mon oncle, grâce pour lui, pour lui, qui m'aime tant! fait à son tour Florence, en levant sur le comte un regard suppliant.

— Allons donc! vous me faites honte! répond le comte avec indignation, et cela dit, il tourne le dos et disparaît brusquement pour se diriger plein d'agitation vers son appartement, où en entrant il recule de surprise en y apercevant Lanturlu, qui, assis sur un siége, attendait sa venue.

— Vous ici, monsieur! lorsque j'ai donné ordre à mes gens de vous interdire l'entrée de chez moi?

— N'en voulez pas à vos valets, monsieur le comte, car, m'étant introduit dans votre hôtel à leur insu, ils ignorent tous ma présence ici.

— Quelle audace! fait M. Destival en fixant sur Lanturlu un regard courroucé.

— Que voulez-vous, monsieur le comte? lorsqu'on est en guerre, il faut ruser, et je viens d'apprendre que vous me la déclarez.

— Sortez à l'instant de cette demeure! et gardez-vous d'en franchir désormais le seuil!

— La défense concerne-t-elle Jasme, mon fils?

— Tous les deux!

— Ainsi, monsieur le comte, la perfidie, en soulevant à vos yeux le voile de la vérité, m'a perdu entièrement dans votre esprit, et brise en ce jour une alliance convenue entre nous?...

— Entre le fils du bateleur, de l'espion, est-il alliance possible avec la nièce du comte Destival? interroge ce dernier avec ironie.

— Oui, monsieur le comte...

— Insolent! fait le noble avec colère.

— Et la preuve, reprend froidement Lanturlu, c'est qu'entre le comte Destival et celle du bateleur Saint-Leu il y a déjà eu alliance.

— Expliquez-vous; car, m'armant de patience, je consens à entendre le récit d'une aussi grotesque monstruosité.

— Ainsi, vous désirez que je parle, que je m'explique, monsieur le comte.

— Oui, sur cette alliance prétendue, répond le noble en se jetant sur un siége.

— Comte, je serai bref; vous, rappelez vos souvenirs, en m'écoutant... Lorsque vous dûtes épouser, il y a de ça vingt ans, mademoiselle Amélie de Montbrisson, aujourd'hui votre femme, vous vîntes passer quelques mois à la terre de son père, afin de faire votre cour à votre belle fiancée...

— Je me la rappelle, fait le comte.

— Souvenez-vous donc aussi que, jeune, brillant et libertin... passez-moi l'expression, monsieur le comte, interrompt Lanturlu, en voyant M. Destival faire un geste de colère.

— Continuez...

— Souvenez-vous donc qu'au lieu de vous consacrer entièrement aux soins et hommages qu'exigeait de votre part votre jeune prétendue, et entraîné par votre passion pour les femmes, vous devîntes, dans le pays, l'effroi des familles qui, dans leur sein, comptaient une fille jolie.

— Après! après! s'écrie le comte avec impatience, en fixant attentivement Lanturlu.

— Écoutez donc, et ne m'interrompez pas.... Maintenant, rappelez-vous encore qu'un soir dans une de vos promenades, ou plutôt excursions galantes, vous rencontrâtes une fille jeune et admirablement belle, ayant nom Colombe...

— Qui vous a donc si parfaitement instruit? s'écrie le comte en se levant brusquement plein de surprise et d'agitation.

— Comte, cette jeune fille, enfant de pauvres paysans du pays, était ma sœur! ma sœur, que vous avez séduite et abandonnée.

— Colombe votre sœur! fait M. Destival.

— Oui, ma sœur, dont vous avez trompé l'innocence, qu'après votre mariage, qu'elle ignorait, vous revîtes encore et rendîtes mère.

— Dites! dites, qu'est devenue cette infortunée? qu'est devenu l'enfant de Colombe? s'écrie le comte avec empressement.

— Ma sœur mourut il y a dix-sept ans, après avoir appris que vous étiez l'époux d'une autre femme, et avoir donné le jour à une fille, à l'insu de notre famille ; car Colombe, au désespoir, et se voyant enceinte, avait fui le toit paternel pour venir à moi, pleurer et cacher sa honte dans mes bras.

— Mais son enfant, sa fille ?...

— Forcé par état de courir le monde, et ne pouvant me charger de cette frêle créature, je la confiai aux soins de l'épouse du maître d'école du village de Jassy, et donnai en payement à ces gens le tas d'or qu'en fuyant vous aviez laissé à ma sœur, pour prix sans doute de son déshonneur et de votre abandon ; or auquel l'infortunée n'osa toucher.

— Mais enfin, qu'est devenu cet enfant? Existe-t-il? Où est-il?...

— Monsieur le comte, ceci est mon secret.

— Quoi, si cette fille existe, prétendez-vous la dérober à mes vœux, à mes caresses?...

— Parlez-vous sérieusement, monsieur le comte? votre intention serait-elle de rendre un père à ma nièce, et de la chérir?...

— Comme ma fille bien-aimée! répond le comte avec attendrissement.

— Alors, monsieur, oubliant la disproportion de nos rangs, acceptez Jasme pour l'époux de Florence, et je vous rends votre fille.

— Quelle audacieuse proposition! jamais! jamais!

— Or, point de fille, reprend Lanturlu.

— Plutôt sa perte que de souscrire à une honteuse union! répond le noble avec fierté.

— Pensez, monsieur, que votre fille est un modèle de beauté, de grâce et de talent, ajoute finement Lanturlu. Le comte ne répond pas à ces dernières paroles, absorbé dans une profonde réflexion; sa main caresse son front, ses yeux sont fixés sur la terre.

— Eh bien, comte? dit Lanturlu, après un long instant de silence.

— Non! à l'honneur de mon nom, de mon rang, je dois cet énorme sacrifice, répond le comte, en marchant vivement dans la pièce.

— Cependant, monsieur, moi qui, en ce moment, devine ce qui se passe dans votre âme, qui suis témoin du combat qui s'élève chez vous entre l'orgueil et la tendresse paternelle, je ne désespère pas encore de vous fléchir.... Comte, faites comme moi, et jugez!... Jasme, mon fils, né de mes amours avec une fille noble et riche, un modèle de grâce, de douceur et d'innocence, reçut de sa mère, lors de sa naissance, une somme de quarante mille francs remise dans mes mains pour l'élever et l'établir un jour ; il y a de ça vingt ans, et durant ce temps, hélas ! pour moi il s'écoula bien des jours de misère et de faim, sans que jamais il me vînt à la pensée de soulager ma pauvreté, aux dépens de la fortune de mon enfant, fortune que j'avais placée chez un notaire fidèle, d'où je la retirai il y a peu de temps, afin de mettre Jasme à même de se présenter chez vous plus noblement... Plus, comte, pour procurer à ce fils, que je chéris ! une existence brillante, heureuse, je me suis résous à accepter l'emploi d'espion de cour que m'offrait le duc de***, aujourd'hui mon délateur près de vous ; plus, à tromper le roi de France, et osant, toujours d'après les conseils du duc de***, me présenter devant sa majesté, paré d'un titre, d'un nom qui ne m'appartenaient pas, comte Destival ; j'ai fait tout cela, toutes ces bassesses par amour pour mon enfant, et lui donner l'amie de son cœur, votre nièce enfin! Répondez maintenant; à mon exemple, ne ferez-vous pas aussi un sacrifice, ne rabattrez-vous pas un peu de votre morgue, de votre orgueil en mémoire de ma sœur tuée par vous, au bonheur de retrouver et d'embrasser une fille belle, vertueuse et digne d'un tendre père?...

—... Impossible! ce que vous exigez me perdrait à la cour!... Non, ne me demandez rien... Impossible! vous dis-je... Éloignez-vous, laissez-moi seul! s'écrie le comte avec humeur et vivacité, le visage empreint de la plus vive émotion.

— Je vais attendre... Au revoir, monsieur le comte.

Cela dit, Lanturlu s'éloigne; mais, loin de quitter l'hôtel, c'est vers l'appartement de la comtesse qu'il dirige ses pas, de la comtesse à qui il fait demander par un valet un instant d'entretien particulier. Notre ex-marquis, après un instant d'attente, est introduit dans un petit salon, où il trouve Madame Destival seule, le front soucieux et les yeux en larmes.

Lanturlu salué la comtesse avec respect et froideur, et celle-ci lui indique un siége de la main.

— Vous m'avez exprimé le désir de m'entretenir un instant, monsieur?

— Oui, madame, afin de causer et d'aviser ensemble au moyen de parer le malheur qui menace Florence et Jasme; lequel, j'en suis convaincu, arrache les larmes qui en ce moment sillonnent votre visage.

— Ainsi, vous savez, monsieur, que le comte, mon époux, rompt en ce jour l'hymen projeté de ces enfants?

— Je savais tout, madame, avant même l'entretien que je viens d'avoir avec M. le comte.

— Où il vous a été sans doute impossible de le ramener à l'indulgence, ou tout espoir vient de vous être ravi?...

— Le comte, comme vous le dites, a été inflexible, dur, barbare même, et cependant, madame, l'intrigant, le bateleur, le comédien, ainsi qu'il me dénomme, n'a point encore perdu tout espoir de voir son fils heureux et devenir l'époux de votre nièce.

— Le ciel veuille que vous ne vous abusiez pas, monsieur! soupire la comtesse.

— Mais vous, madame, ne ferez-vous donc rien en faveur de celui qui doit vous être aussi cher qu'à moi?

— Pouvez-vous m'adresser une semblable question, Saint-Leu? moi sa mère, qui l'aime! et donnerait sa vie pour l'enfant que Dieu a daigné me rendre, je resterais insensible, froide à son malheur! Oh, non! vous ne le pensez pas, monsieur!... Hélas! pourquoi faut-il que Jasme soit l'enfant du crime!!

— Du crime, madame! Dites, d'un instant de faiblesse et d'égarement, reprend Lanturlu.

Et la comtesse, à ces mots, de remuer tristement la tête, puis de reprendre ainsi :

— Dites, monsieur, ce pauvre jeune homme est-il instruit de son malheur, sait-il que le comte le repousse pour l'époux de sa nièce ?

— Non, madame, Jasme ignore tout ; mais il ne peut tarder à l'apprendre.

— Tenez, veuillez vous charger de remettre ce portefeuille à ce cher enfant, monsieur, reprend la dame en présentant à Lanturlu l'objet qu'elle vient d'atteindre dans le tiroir d'un meuble élégant.

— Il renferme ?... interroge Lanturlu en fixant le portefeuille avec surprise.

— Le fruit de mes longues épargnes, deux cent mille francs pour mon fils.

— Le présent est magnifique, madame ; mais en faveur de votre enfant, j'attends mieux encore, c'est-à-dire votre puissante intercession près d'un époux.

La comtesse jure de tout employer afin de décider le comte ; puis, après un instant d'entretien encore, elle congédie Lanturlu, qui se retire pour courir annoncer à Jasme, qu'il n'a pas vu depuis la veille, le funeste contretemps qui menace de rompre son mariage, et empêcher, en prévenant à temps le jeune homme, qu'il se présente chez le comte, ainsi qu'il le fait chaque soir. La comtesse, restée seule, se livre quelques instants à de douloureuses réflexions, pense à Jasme, à ce fils que le ciel lui a rendu, qu'elle chérit et ne peut avouer, qu'avec tant d'amour elle voudrait presser dans ses bras, ce fils dont elle aimait les caresses, dont elle voudrait s'entendre appeler : ma mère ; à qui pour toujours, hélas ! elle sera étrangère. Madame Destival, fidèle à sa promesse et guidée par son cœur, essuye les larmes qui mouillent sa paupière, quitte son appartement, s'informe si son époux est chez lui, et se présente au comte, qu'elle trouve dans son cabinet, absorbé lui-même dans de sérieuses pensées.

— Vous, madame ? fait M. Destival en se levant vivement et venant au-devant de son épouse, qu'il conduit vers un siége.

— Moi-même, monsieur le comte, qui, malgré votre défense, ose encore venir intercéder près de vous pour deux amants malheureux.

— Je vous prie, madame, qu'il ne soit

plus question de ce mariage que vous semblez tant regretter ; songez que le comte Destival, l'ami du roi de France, un des dignitaires du royaume, ne peut, par égard pour une amourette, s'avilir au point d'admettre dans sa famille le fils d'un saltimbanque, d'un misérable espion.

— Mais, monsieur le comte, peut-être la calomnie !...

— Non, madame, non, il n'y a pas de calomnie, car le prétendu marquis de Volnis, le bateleur effronté, m'a tout avoué lui-même il y a deux heures au plus.

— Monsieur, indulgence pour un pauvre jeune homme, dont les brillantes qualités effacent les taches d'une naissance obscure !

— Impossible, madame ; car, en revenant ce matin du château, et après une longue conférence avec le duc de ***, j'ai promis Florence au marquis Dastrel, sous-secrétaire particulier de sa majesté, jeune homme qui à un esprit, un physique non moins avantageux que Jasme, votre protégé, joint une noble naissance et un nom sans tache.

— Ainsi, monsieur, vous, que chacun vante pour votre caractère noble et libéral, c'est par orgueil qu'aujourd'hui vous consentez froidement à faire le malheur de votre nièce, d'un enfant qu'en mourant votre frère légua à votre tendresse? dit la comtesse avec fermeté.

— Je vous prierai de vouloir bien observer, madame, qu'ici je tiens moins à la naissance qu'au moral: Jasme sans nom et titre, mais fils d'un homme d'une réputation intacte, serait l'époux de Florence ; mais son père, en acceptant la mission d'espion, s'est déshonoré à mes yeux.

— Pitié pour un innocent, oubli pour les erreurs du père, monsieur! c'est au nom de votre nièce que je vous implore! s'écrie Mad. Destival d'un ton suppliant.

— Madame, je vous le répète, j'ai promis ma nièce et donné ma parole au marquis Dastrel, répond sévèrement le comte.

Malgré la fermeté de son époux, la comtesse le prie long-temps encore, le supplie même d'un accent rempli d'émotion et de larmes, sans rien obtenir; et, le cœur navré, la pauvre mère se retire désolée et souffrante dans son appartement, où elle se renferme pour pleurer sans témoin.

Quelques intants après l'entretien de M. et Mad. Destival, et sur la brune, Jasme, agitée le regard égaré, se précipitait dans l'hôtel du comte, pour gagner un petit escalier dérobé conduisant à l'appartement de la comtesse, au même moment où, par un funeste hasard, mylord Darbil entrait de même dans l'hôtel de M. Destival, où ce dernier lui avait donné rendez-vous et l'attendait. L'Anglais avait reconnu Jasme, derrière lequel il marchait depuis long-temps dans la rue, plus s'était aperçu de la violente agitation à laquelle le jeune homme paraissait être en proie.

— Oh! oh! le petit saltimbanque avoir reçu le congé à lui, et lui, beaucoup fort désespéré, aller faire ses adieux au petite Florence, moi curieux de entendre le saparatione, s'était dit tout bas et riant sous cape notre fils d'Albion. Aussi, voyant Jasme éviter le grand escalier pour prendre le petit, mylord Darbil s'empresse-t-il à bas bruit d'enfiler le même chemin, et de suivre les traces du jeune homme, qu'il entend frapper doucement à une des portes du second étage, celle enfin donnant dans le boudoir de Mad. Destival, qui, à ce frappement léger, s'arrache à ses amères réflexions, quitte le divan sur lequel elle était assise pour aller ouvrir au visiteur, qu'elle pensait être sa nièce.

— Vous, Jasme! s'écrie la comtesse en apercevant le jeune homme, qui, pâle, défait, les yeux noyés de larmes, entre vivement et se précipite à ses pieds.

— Oui, moi, madame, le plus malheureux des hommes si ce que vient de m'apprendre mon père est l'affreuse vérité!

— Pauvre enfant! levez-vous, venez vous asseoir près de moi ; venez recevoir les encouragements, les consolations de votre meilleure amie.

— Non, non! il n'en est plus pour moi, madame, s'il me faut renoncer à Florence, à mes plus chères amours, au charme qui seul m'attache à la vie!

— Jasme! du courage, mon ami, reprend la comtesse en prenant le jeune homme dans ses bras, en posant ses lèvres sur ses joues brûlantes et humides de larmes.

— Hélas! mon malheur est-il donc certain? N'avez-vous donc imploré en ma faveur votre cruel époux, madame?

— Jasme, j'ai prié, supplié, et le comte est resté inflexible.

— Désolation! murmure Jasme, pâlissant encore plus et tombant mourant dans les bras de Mad. Destival, qui, effrayée, hors d'elle, pousse un cri d'effroi, s'empare de la tête du jeune homme, et la presse sur son sein en la fixant avec douleur et inquiétude.

— Jasme, mon fils chéri, mon enfant, reviens à toi, entends ta mère, ouvre les yeux, prends pitié de son désespoir! Hélas! hélas! il ne m'entend pas! il va mourir sans avoir embrassé sa mère! Cela disant, la comtesse déposait la tête de Jasme sur les oreillers du meuble, puis après s'élance vers sa toilette, où elle s'empare de plusieurs flacons qu'elle revient en hâte faire respirer à son fils et lui frotter les tempes avec le contenu de l'un d'eux.

— Jasme! enfant bien aimé, ne m'aurais-tu donc été rendu que pour te perdre aussi tôt?... Et vous, mon Dieu! à qui j'ai tant demandé le pardon de ma faute, voulez-vous donc me punir cruellement en ce jour, en me ravissant le fruit adoré d'une coupable faiblesse?... Jasme, mon fils! entends ta mère, réponds à ses caresses!

Ce disant, Mad. Destival, à genoux devant Jasme, éplorée et tremblante, couvrait le visage de son fils des plus tendres caresses, de son fils qui ouvre enfin les yeux, puis sourit à sa mère.

— Il vit, mon Dieu! je vous remercie! s'écrie la comtesse.

— Oui, ma tendre mère! mais pour vous

chérir et vous consacrer mon existence, murmure faiblement Jasme.

— O ciel! tu as entendu, enfant? reprend la comtesse avec effroi.

— Oui, ma mère; mais sans avoir la force de vous le faire savoir, sans pouvoir vous imposer silence et repousser ce secret dans votre sein, ce secret dont la connaissance inespérée me comble d'orgueil, de joie, d'adoration pour vous, oh! ma mère!

— Tais-toi, tais-toi, enfant! ne m'appelle pas ainsi, en ces lieux surtout; songe à mon honneur, que je suis l'épouse du comte Destival, de l'homme estimable que j'ai trompé en lui cachant une faute dont je rougis depuis vingt ans.

— Je me tairai, madame, reprend Jasme avec respect et tristesse.

— Madame! madame! Ah! mais ce nom

est de glace dans ta bouche lorsque tu l'employes à mon égard!

— Eh bien, ma mère, ma tendre mère! soupire le jeune homme, en pressant la tête de la comtesse sur son sein.

— Oui, appelle-moi ainsi, je le préfère et sacrifie tout à ce bonheur! Oui, tu es mon enfant! mon fils! entends-tu, Jasme? mon fils, dont je fus séparée vingt ans, que je croyais avoir perdu pour toujours, mais que le plus coupable et le meilleur des hommes m'a rendu il y a deux mois! Ainsi disait la pauvre mère en caressant son enfant, en l'admirant avec ivresse, délire, bonheur, en lui baisant les cheveux, les mains, en mouillant le tout de ses larmes.

— Je ne m'étonne plus maintenant de cette amitié, de cette douce protection dont vous avez daigné combler, entourer l'orphelin étranger qui s'offrit à vous! Ah! que vous me rendîtes heureux! Mais combien je le suis doublement en ce jour, que j'ai une mère! une mère dont la possession, la présence, les caresses m'inondent d'un bonheur ineffable!

— O mon fils! ô mon Jasme! prends pitié de ta mère, et ne la juge pas trop sévèrement; grâce pour son erreur coupable, pour la faute de sa jeunesse, de son inexpérience!

— Ma mère, point d'excuse envers moi, silence sur vos secrets, et ne soyez pour votre fils qu'un objet d'amour, de respect et d'adoration.

— Non, non, il faut que tu connaisses, que je m'excuse à tes yeux, Jasme, et si tu veux m'entendre...

— J'écoute, ma mère, puisque telle est votre volonté.

—J'avais dix-sept ans à peine, mon Jasme,

reprend la comtesse, lorsque le baron de
Montbrisson, mon père, veuf depuis plusieurs années et fatigué du séjour de Paris,
résolut de se retirer avec moi, sa fille unique, dans une terre qu'il possédait, située
à cinq lieues de Tours; séjour enchanteur,
où s'écoulaient pour moi des jours heureux
et paisibles, que troubla bientôt la voix de
mon père, en m'apprenant qu'il fallait me
préparer à l'hymen et à recevoir, en qualité
de futur époux, le comte Jules de Destival,
qui devait arriver au château d'un instant à
l'autre. Habituée à n'avoir pour loi que la
volonté du baron de Montbrisson, homme
inflexible et sévère, même avec sa fille, je
baissai les yeux et me résignai à obéir,
quoique n'envisageant qu'avec effroi une
union qui allait m'arracher à mes douces habitudes, à mes goûts champêtres.

Huit jours s'étaient à peine écoulés, que

M. de Destival, fidèle à sa parole, arriva au château, et me fut présenté par mon père. Le comte avait alors trente ans, un physique assez avantageux, mais des manières si tranchantes, si bruyantes, que son abord m'effraya et me prévint contre lui.

—Baron, dit-il en ma présence à mon père, si je conviens à mademoiselle, qu'elle se hâte de nous l'apprendre, afin de conclure au plus vite cette union, sous peine de la voir reculer d'un an; car vous saurez, baron, et vous, mademoiselle, que d'un moment à l'autre je puis recevoir une nouvelle qui me contraindra à partir aussitôt pour l'île Bourbon, et cette nouvelle n'est autre que celle de la mort d'un vieil oncle centenaire, dont je suis héritier et de qui les biens sont situés sous ce ciel africain; fortune immense! en esclaves, terres, habitations, dont il me faudra moi-même aller recueillir la succession, ainsi que le comporte une clause du testament, dont le cher oncle, par une bizarrerie inconcevable, m'a envoyé copie.

— Le jour à fixer pour votre mariage dépend seul d'Amélie, ma fille, à qui, cher comte, vous donnerez au moins le temps de vous connaître. Ensuite, votre intention est-elle d'emmener votre femme avec vous à l'île Bourbon? interroge mon père.

— Fi donc! il y aurait cruauté d'exposer une fleur aussi délicate que mademoiselle, aux fatigues d'une longue et dangereuse traversée.

— Tu entends, Amélie? c'est à toi de se hâter d'apprécier les qualités de M. Destival et de te prononcer au plus tôt.

— En réponse à ces paroles de mon père, je demandai quelques jours, et me retirais pour aller en silence réfléchir et pleurer sur cette union qu'on m'imposait avec un homme que je pensais ne pouvoir jamais aimer. Trois mois s'étaient écoulés depuis l'arrivée du comte au château, depuis, qu'au-lieu de chercher à me plaire, à me ramener en sa faveur à des sentiments plus favorables, M. de Destival passait tout son temps à la chasse, à courir le pays, pour de là revenir le soir se mettre à table et dormir, sans plus s'occuper de ma personne que si elle n'existait pas, indifférence qui surprenait, mécontentait mon père et lui faisait oublier, à ma grande satisfaction, de sonder ma pensée et mon cœur au sujet du comte de Destival.

— Eh bien! baron, ce que je craignais est arrivé ; votre charmante fille ne s'est pas décidée, et voilà la nouvelle de la mort de mon oncle qui m'arrive ce jour et me force de partir à l'instant même; s'écrie un matin

M. Destival, entrant dans le cabinet de mon père, et tenant une lettre à la main.

— Je pense, cher comte, que lorsqu'un cavalier veut plaire à une jeune fille, qu'il lui faut au moins faire quelques frais de galanterie, et vous me permettrez de vous dire que, loin d'être galant, vous n'avez même pas été poli envers Amélie, dont vous vous êtes tenu sans cesse éloigné depuis votre séjour ici, répond mon père.

— Votre reproche est juste et mérité, baron, mais cette diable de chasse m'a tout fait oublier; au surplus, votre fille me plaît, je la souhaite pour femme, et vous demande la permission de venir l'épouser aussitôt mon retour de Bourbon, moyennant le consentement de la belle Amélie, cependant!

— Ma fille n'a d'autre volonté que la mienne, qui est de vous donner sa main, mais, mon cher Destival, ne pouvons-nous en terminer avant votre départ!...

— Impossible! il faut qu'aussitôt je me rende à Paris et de là à Marseille pour m'embarquer; croyez, baron, que si j'ai hâte de recueillir cette fortune lointaine, ce n'est que pour revenir la déposer aux pieds de votre adorable Amélie, avec mon cœur et ma main.

— Partez donc, alors!

— A l'instant même, mais pas avant que vous ne m'ayez fait entendre la promesse de me conserver la main de votre fille; quant à moi, voilà un acte que j'ai fait dresser ce matin, chez le notaire du pays, dans lequel j'institue Amélie de Montbrisson ma légataire universelle, si je viens à mourir dans la traversée, plus l'engagement de l'épouser à mon retour sous peine de payer un dédit de 400,000 fr.

— Vous êtes noble et généreux, comte, et, désirant l'être autant que vous, je vous prie de garder cet acte, que ma délicatesse repousse, et d'accepter en plus la promesse que je vous fais de vous garder ma fille.

— Je l'accepte, baron; or, permettez donc à un pauvre voyageur, près de se livrer à la fureur des flots, de s'assurer une héritière, en cas de malheur, dans la personne qu'il préfère et chérit, et pour cela, acceptez cet acte, que j'espère vous reprendre un jour.

Mon père, vaincu par les prières du comte, accepta le papier, et M. Destival prit congé de nous le soir du même jour, après avoir baisé ma main et promis de presser son retour.

— Voilà un digne jeune homme, dont vous auriez tort de ne point récompenser la générosité du don de votre cœur, Amélie, me dit mon père en voyant s'éloigner la chaise de poste qui emportait M. Destival.

— J'apprécie son mérite, monsieur, et souhaite que mon cœur se dispose en sa faveur.

— Il ne s'agit plus de consulter votre cœur, ma fille; l'expérience de votre père, mieux que lui, sait ce qui vous convient; or, préparez-vous à suivre ma volonté en épousant, à son retour, M. Destival.

Ces paroles dites avec fermeté, le baron me tourna le dos.

Il y avait quatre jours au plus que le comte était parti, lorsqu'un soir, durant un affreux orage, un de nos gens vint nous annoncer qu'une personne dont la chaise de poste, emportée par des chevaux effrayés, venait de se briser à peu de distance du château, demandait l'hospitalité de la nuit. Mon père accorde, et bientôt paraît à nos yeux un jeune homme d'environ vingt-cinq ans qui, pâle, défait, a peine à se soutenir : nous l'accueillons, il s'asseoit, nous remercie de l'hospitalité qu'il reçoit, dit s'appeler Dormer, voyager pour son agrément, et qu'il se rend à Tours pour y passer quelques mois. Son langage, sa tournure annoncent un homme du monde, et mon père, séduit par ses dehors, lui offre son château pour demeure autant qu'il lui plaira de s'y reposer. Plusieurs jours se passent, et notre voyageur, que la chute de sa voiture a contusionné, dit ne pouvoir se remettre en route, cela à la grande satisfaction du baron, dont il a gagné l'estime par son esprit, sa gaîté, en vantant la beauté du château, celle des sites qui l'environnent, et fait part de son dessein de se fixer quelques mois dans le pays, afin de jouir, avec mon père, du plaisir de la chasse. Un mois, et Dormer toujours près de nous, sans cesse empressé à prévenir mes moindres désirs, à me plaire, à louer ce qu'il appelle mes charmes et mon esprit, Dormer enfin a jeté le trouble dans mon âme; c'est alors, qu'effrayée de l'état de mon cœur, j'essayais à fuir cet homme dangereux, que, feignant un malaise, je ne quittais plus ma chambre, souhaitant et appréhendant tout à la fois l'éloignement de Dormer. Vaines précautions! puisque, quelques jours plus tard, profitant de l'absence de mon père, parti pour la chasse, Dormer tombait à mes pieds, me peignait son amour en termes de feu, et m'arrachait l'aveu de ma faiblesse. Quinze jours d'un sentiment pur, innocent, durant lesquels Dormer me jurait un amour éternel, durant lesquels je m'enivrais du doux bonheur de l'admirer, de l'entendre, de recevoir et restituer ses pudibondes caresses. Insensée! qui, livrant ainsi son cœur à un étranger, qui, se fiant sur une feinte délicatesse, eut bientôt, hélas! à s'en repentir, à pleurer vingt années les fautes qu'enfanta sa crédulité! fait la comtesse en levant au ciel ses yeux où brillent les larmes. Une nuit, reprend madame Destival, une nuit de honte et d'affreux souvenirs, un bruit trouble mon sommeil; j'ouvre les yeux et laisse échapper un cri d'effroi en apercevant un homme penché sur mon lit; hors de moi, je veux saisir le cordon d'une sonnette, éveiller ma femme de chambre, couchée non loin de moi, et une main arrête mon bras, une voix se fait entendre, celle de Dormer.

— Vous ici, à cette heure, monsieur! que me voulez-vous?

— Vous admirer, vous entendre, ma douce Amélie.

— Retirez-vous, au nom du ciel! si mon père vous surprenait!

— Soyez sans crainte, tout repose en cette demeure, hors vous et l'amant le plus épris. En disant ainsi, Dormer s'était emparé de mes mains, et, paralysant ma défense, osait de ses lèvres presser tendrement les miennes.

— Laissez-moi, sortez, sortez, je vous en supplie, murmurais-je péniblement, suffoquée par l'effroi et me sentant mourir.

— Méloigner! ah! pas avant que ta bouche ne m'ait juré amour éternel, répond Dormer, mais inutilement, car je ne l'entendais plus, j'avais perdu connaissance, et un destin impitoyable venait de me livrer sans défense aux désirs coupables du plus criminel des hommes. Lorsque je revins à moi, j'étais seule, ignorante de ce qui s'était passé durant une longue léthargie, car l'aurore pointait aux cieux, et cependant j'éprouvais dans tout mon être un malaise affreux, une fatigue extrême, puis je versais d'abondantes pleurs. Jasme, mon cher Jasme! juge de ce que durent être ma douleur et ma crainte lorsque dans la matinée qui suivit cette nuit funeste, me rendant près de mon père, j'appris de sa bouche que Dormer, ayant reçu la veille une lettre qui l'appelait à Paris, était parti au petit jour pour ne revenir que dans un mois. Hélas! ce mois de larmes et de soupirs s'écoula, un de plus, et Dormer ne revint pas. Ce fut alors que mon désespoir fut au comble, en apercevant, pour surcroît de malheur, que dans mon sein croissait le fruit de la plus lâche trahison, enfin que j'étais mère avant d'être épouse. Point d'expression assez forte, mon fils, pour te dépeindre l'affliction dans laquelle me plongea cette affreuse découverte; tombée dans une langueur mortelle, les yeux brûlés par les larmes, la pâleur empreinte sur le visage, tous ces signes de destruction finirent par effrayer mon père et m'attirer ses questions sur la cause d'un tel changement. Hélas! la mort, mille fois plutôt, que d'avouer ma peine amère à cet homme inflexible et sévère qui, instruit du déshonneur de sa fille, l'eût étouffée sous ses pieds; ce fut donc à un léger malaise, à l'ennui, que j'attribuais ce changement physique, ce qui fut cause que, voulant me procurer quelques distractions, le baron de Montbrisson m'offrit de me conduire à Tours, où en ce moment une troupe d'excellents comédiens donnait, trois fois par semaine, des représentations. Je suivis donc mon père au théâtre, plus par obéissance que par goût, car une offre de sa part était plutôt un ordre qu'une invitation. On donnait ce soir-là un opéra-comique intitulé *Adolphe et Clara*, plus une comédie de Picard; nous prîmes place, et la toile se leva. O surprise! douleur! en reconnaissant dans l'acteur chargé du rôle d'Adolphe, le perfide Dormer. Dormer, l'audacieux, le violateur, qui, sous les dehors d'un homme riche et de bonne naissance, s'était introduit en notre demeure, avait trompé le père pour déshonorer la fille; ainsi donc pour moi plus rien que la honte, la malédiction de l'auteur de mes jours en perspective; plus d'espoir de légitimer le pauvre enfant que renfermait mon sein. A ces affreuses pensées, une sueur froide parcourut mon corps, un violent frisson s'empara de moi, et je faillis m'évanouir.

— Parbleu! je ne me trompe pas, c'est lui, c'est bien lui! quoi, moi, baron de Montbrisson, aurais-je été la dupe d'un histrion? Oh! je m'en assurerai, et malheur à lui si la chose est telle! murmurait mon père qui venait, ainsi que moi, de reconnaître Dormer dans l'acteur Saint-Leu.

Nous quittâmes le théâtre et regagnâmes le château, où, violemment indisposée, je gardai le lendemain le lit, la journée entière. Mon père, homme fier et rancunier, se hâta donc ce jour de gagner la ville, de se rendre au théâtre et d'y faire demander l'acteur Saint-Leu, lequel, le visage riant et fredonnant une ariette, se rendit à l'invitation, et sur les lèvres de qui expirèrent sourire et refrain en reconnaissant le baron armé d'une mine sévère et l'épée au côté. Saint-Leu, se remettant aussitôt, aborde mon père avec un ton jovial, salue en lui son amphytrion, et pousse l'audace jusqu'à lui tendre la main, que le baron repousse avec indignation.

— Ainsi, vous n'êtes qu'un comédien impudent, qui s'est joué de ma bonne foi! s'écrie le baron avec colère.

— Oui, le comédien, comme vous dites, monsieur le baron, et, suivant les exigences de mon état, tantôt je suis noble ou roturier, riche ou pauvre, et le hasard a voulu que le jour où je me présentai chez vous, mon rôle fût celui d'un enfant gâté de la fortune.

— Et le mien, en ce moment, est celui d'un homme outragé qui châtie un insolent, répond mon père en donnant un soufflet à Saint-Leu.

— Baron, ceci vient d'égaliser les rangs; or, vous savez ce que vaut un soufflet. Mais soyez sans inquiétude, je m'en tiendrai au premier rang et ne vous tuerai pas, par égard pour la sensibilité de votre aimable fille.

— Je châtie du poing et du bâton un drôle de ton espèce, mais je ne lui fais pas l'honneur de me mesurer avec lui.

— Et moi, baron, j'ai pour habitude de briser en pièces l'insolent qui, après avoir touché à ma face, refuse de m'en faire raison ! Or, sans plus tarder, marchons, ou, sur l'honneur, je vous tue ici même ! Soit que ces paroles effrayassent le baron, ou qu'il jugeât l'adversaire plus digne qu'il ne l'avait cru d'abord, il suivit Saint-Leu hors de la ville jusqu'à un petit bois, où tous deux mirent l'épée à la main. Deux secondes, et le fer du baron traversa la gorge de Saint-Leu, qui tomba baigné dans son sang, et que son adversaire abandonna à son triste sort.

De retour au château, mon père se tut sur un duel passé sans témoins, car, dans leur fureur, Saint-Leu et lui n'avaient nullement songé à s'en procurer ; j'ignorais donc cette affreuse catastrophe. Et l'espace de huit mois, après avoir confié mon malheur à ma vieille et respectable femme de chambre, je ne m'occupai que du soin de cacher ma fatale grossesse à tous les yeux, en comprimant mon sein sous d'étroits vêtements, sans pitié pour mon pauvre enfant, ce dont aujourd'hui je demande pardon à Dieu, ainsi qu'à toi, mon Jasme; mais, hélas! j'avais perdu la tête alors, j'étais si malheureuse! Cela dit, la comtesse de presser son fils sur son cœur et de le baiser au front.

— Pauvre mère! que je vous plains, fait Jasme en rendant caresse pour caresse.

— Ecoute, écoute encore, mon enfant! Un matin, dans une de mes promenades solitaires dans le parc du château, m'étant éloignée plus que je ne le faisais ordinairement, j'entendis un bruit dans le feuillage; effrayée, je voulus fuir, et me sentis retenue par ma robe.

— Au nom du ciel! veuillez m'entendre, me fixer sans horreur, Amélie, fait entendre une voix dont le son glace aussitôt mon âme d'effroi et de surprise ; je me retourne et reconnais Saint-Leu, Saint-Leu ! pâle, défait, suppliant, et dont la mise annonce l'infortune.

—Vous, monsieur ! m'écriai-je en cherchant à dégager ma robe.

— Oui, moi, qui, depuis un mois caché dans ces taillis, épie vos démarches et l'instant de vous entretenir sans témoin ; moi, le plus coupable des hommes, qui, à force de vous observer, ai découvert votre affreuse position, l'état où vous a réduite mon amour, mon crime, et qui viens à votre secours... Oh ! de grâce, Amélie, ne détournez point ainsi les yeux avec horreur d'un malheureux qui, dans le remords, expie depuis huit mois le crime dont il s'est rendu coupable, d'un malheureux dont l'épée de votre père a perdu l'état, détruit le sort !

— Que voulez-vous dire? expliquez-vous? m'écriai-je, surprise de cette accusation. Et Saint-Leu, en peu de mots, de me raconter son duel avec le baron, qu'il ne voulait blesser que légèrement, et qui, plus adroit ou plus cruel, lui avait percé le cou de son épée et détruit la voix... L'avouerai-je, Jasme, au récit de ce malheur, aux paroles touchantes de ton père, à l'expression de ses regrets, je me sentis émue, et une larme s'échappa de mes yeux pour tomber brûlante sur la main de mon séducteur.

— O ma belle Amélie! je ne viens point attiser dans votre cœur un coupable amour. Pauvre et sans avenir, je sais trop la distance qui vous sépare de moi, je connais trop l'inflexibilité de votre père pour jamais espérer vous nommer mon épouse! Amélie, en ce jour, je vous le répète, je ne viens que pour vous sauver de la honte, en dérobant à tous les regards l'enfant que renferme votre sein, pour vous offrir de le faire élever en secret, non loin de vous, et de veiller sur lui avec l'amour d'un père, puis pour vous le rendre digne de l'amour de sa mère, si un jour, maîtresse de vos actions, libre de vos volontés, le sort vous permettait de presser votre enfant dans vos bras.

— J'accepte, monsieur, car vos paroles ont encore l'art de me convaincre, oui, je crois à votre repentir, à vos bonnes intentions, enfin je suis persuadée que vous remplirez les devoirs d'un père envers l'enfant que le sort me contraint de confier à vos soins, et pour l'éducation duquel je vous remettrai une somme dont les intérêts vous aideront à couler des jours heureux et paisibles en attendant la majorité de cet enfant... Adieu, Saint-Leu, je vous pardonne et promets de vous faire appeler par ma fidèle servante lorsque le premier cri de celui qui va nous être si cher aura frappé mon oreille.

Cela dit, je m'éloignai, mais non avant d'être convenu avec Saint-Leu du lieu où je me rendrais en secret, lorsque les premières douleurs annonceraient l'instant de ma délivrance, lieu qui n'était autre qu'une chaumière située à un quart de lieue du château, et que Saint-Leu devait disposer pour me recevoir après en avoir éloigné les pauvres gens qui l'habitaient.

Un mois encore, et je te donnais le jour, mon Jasme; puis, après t'avoir mouillé de mes pleurs, couvert de mes caresses, forcée de regagner le château, où mon absence pouvait être remarquée, je te confiai à ton père, qui t'emporta, malgré mes cris et mes larmes, en me jurant de veiller sur tes jours et de venir m'apprendre le lieu où il allait te déposer. Saint-Leu, en t'emportant, mon

Jasme, emportait aussi une somme de quarante mille francs, dont mon père m'avait fait présent et dépositaire, et que je lui confiais pour toi, somme qui, toute modique qu'elle était, devait t'assurer une existence à l'abri du besoin. Moins inquiète, je me promettais avec bonheur de te voir croître et embellir, en te visitant chaque jour ; mais juge de mon désespoir en ne voyant plus reparaître Saint-Leu, qui, compromis dans une conspiration, et arrivant à Tours, chargé de son enfant, n'eut que le temps de fuir, de te confier à une pauvre paysanne, puis de s'expatrier aussitôt afin d'échapper à un long procès et au châtiment qui menaçait sa tête. Ainsi donc, ignorante du lieu où tu reposais, ignorante du sort de ton père, j'accusais ce dernier d'une infâme trahison, de n'avoir feint le repentir que pour mieux me ravir mon enfant, et, dans mon injuste ressentiment, je le maudissais et pleurais ta perte! Quelque temps encore, puis un matin les portes du château de mon père s'ouvrirent pour donner entrée au comte Destival, qui, de retour de l'île Bourbon, venait réclamer ma main et m'offrir son immense fortune.

Prières, pleurs, désespoir! rien ne put fléchir mon père, qui m'ordonna, sous peine de sa malédiction, d'épouser M. Destival, dont je devins la femme trois mois après, sans avoir eu la force ni le courage d'avouer au baron une faute involontaire, pour laquelle il m'aurait tuée, ainsi que le fruit qui en était résulté, termine la comtesse.

— Bien! qu'on dise à présent que l'on ne gagne rien à écouter aux portes, murmure mylord Darbil en se retirant, après être resté aux écoutes, l'oreille sur la porte, tout le temps qu'avait parlé la comtesse.

CHAPITRE VIII.

Une Lettre anonyme.

C'est à l'appartement de M. Destival que se rend l'Anglais en quittant la porte où il venait de surprendre traîtreusement les plus chers secrets de la comtesse ; et quelle est sa surprise lorsque le comte, qui lui avait donné rendez-vous pour le soir même, lui fait dire par un valet, que, se sentant indisposé pour le moment, il ne peut le recevoir que le lendemain, dans la journée. Mylord Darbil se retire donc, assez contrarié de ce contre-temps, lui qui, ayant reçu la parole du comte pour l'hymen de Dastrel, son protégé, avec Florence, venait en régler les conventions ; c'est vers le salon qu'il dirige ses pas, vers le salon où il trouve, ainsi qu'il s'y attendait, Lucien Dastrel près de Florence; Florence qui, le front chargé de nuages, ne supporte qu'avec contrainte la présence de ces visiteurs, auxquels vient, un instant après, se joindre la comtesse, dont l'altération des traits trahit, malgré ses efforts, la tristesse de l'âme. Mad. Destival, qui ne pense pas avoir à se plaindre de mylord Darbil, dont elle ignore la menée et la protection envers Dastrel, accueille l'Anglais avec politesse et considération, mais reste froide et silencieuse à l'égard du jeune homme, dans qui elle voit et déteste le rival de son fils.

—Mon cher, vous être pas considéré du tout de lady Destival; ce dame faire à vous beaucoup fort mauvaise mine, dit l'Anglais au jeune homme en sortant de l'hôtel.

— En effet, Mad. la comtesse m'a traité, ce soir, avec une froideur désespérante ; on dirait que cette dame, enflammée contre moi par les discours de Jasme, méprise en ma personne l'homme perfide, le faux ami... Ah ! c'est qu'en effet, mylord, ma rivalité avec l'ami à qui je suis tant redevable, est une monstrueuse déloyauté, et il y a des instants où, si j'étais certain du pardon de Colombe, j'irais me jeter à ses pieds, et renoncerais à Florence, Florence qui, cependant, est aussi belle et noble en plus!

— Vous alors faire une grosse sottise, car la petite comédienne déteste vous à présent de tout son cœur ; ne plus vouloir recevoir ni entendre vous, et chasser vous ignominieusement.

— Hélas ! d'où vient cette haine violente, ce passage subit de l'amour à la haine dans le cœur de Colombe ?...

— De le abandon à vous, de le envie de la petite chanteuse de épouser un homme beaucoup riche.

— De la haine, de l'ambition, chez Colombe ! Qui s'en serait douté ! fait Dastrel.

— Ensuite, le petite chanteuse, elle devoir connaître à présent que vous être le prétendu de miss Florence.

— Oui, ceci doit mettre le comble à son indignation !

— Or, vous devoir penser que la petite chanteuse, jalouse et furieuse, ne plus vouloir du tout de vous pour son amant.

— Vous avez raison, mylord, il ne faut plus penser à elle!

Quelques mots de plus, et tous deux se séparent, Dastrel, pour se diriger vers le château des Tuileries, où l'appellent les devoirs de sa place, et l'Anglais vers la demeure de Colombe, qu'il visite, courtise chaque jour, et indispose de plus en plus contre Lucien, dont, grâce à lui, elle connaît la rivalité avec Jasme, et qu'elle maudit pour tant d'ingratitude.

Lanturlu, le lendemain de ce jour et sur le matin, se disposait à sortir de chez lui, lorsqu'à son extrême surprise, son valet, en entrant dans sa chambre, lui annonce M. le comte Destival. A ce nom, Lanturlu ressent une secrète joie, car cette visite lui semble de bon augure. Le comte paraît, son visage est soucieux; il se jette en entrant sur un fauteuil, avec cet aplomb, ce sans-gêne dont use un supérieur à l'égard de celui qu'il sait être son inférieur.

— Vous, chez moi, monsieur! quel honneur! fait Lanturlu en saluant et feignant la surprise.

— N'avez-vous point, hier, réveillé des souvenirs et fait vibrer dans mon âme un nom qui me mettent à votre discrétion?

— Expliquez-vous franchement, monsieur le comte : qu'exigez-vous de moi?

— Ma fille, l'enfant de votre sœur!

— Volontiers! mais service pour service...

— Je vous comprends... Ainsi, si je refuse de donner ma nièce à votre fils, de même vous refusez froidement de rendre une fille à son père, de faire le bonheur de l'enfant de votre sœur?

— Comte, la différence qu'il y a dans nos refus, c'est que le vôtre tue mon enfant;

tandis que le mien ne change rien au sort heureux et brillant de votre fille.

— Vous me surprenez, Saint-Leu : quoi ! cette jeune fille est, dites-vous, heureuse et brillante?

— Plus encore, libre d'elle et ne devant qu'à son talent son heureuse existence.

— Ses talents! mais qu'est-elle donc enfin?...

— Comte, acceptez-vous Jasme pour l'époux de Florence?...

— Oui! mais rendez-moi ma fille! s'écrie le comte.

— Monsieur, je vous sais trop noble pour ne pas accepter ce oui échappé de vos lèvres comme un engagement sacré ; je m'en contente donc; et reçois votre honneur comme garant de cet engagement. Comte, votre fille, l'enfant de ma sœur, que je fis élever dans le même village que Jasme, votre fille, qui fut la compagne irréprochable et d'infortune de mon fils, n'est autre que la gracieuse Marita, prima-donna de l'Opéra-Comique.

— Ma fille comédienne ! s'écrie le comte avec dédain et surprise.

— Comte, en abandonnant votre enfant, lui aviez-vous assuré une existence à l'abri du besoin? demanda Lanturlu avec fermeté.

— Votre reproche est juste, Saint-Leu, reprend le comte avec calme.

— Remerciez Dieu, monsieur, de ce qu'en ce jour, après dix-huit ans d'abandon, il vous rend une fille vertueuse autant que belle... Venez la voir, comte, venez embrasser votre enfant.

— Volontiers! fait M. Destival, en se levant avec empressement, puis s'arrêtant : — Un mot encore, Saint-Leu, dit-il ; la comtesse ignore l'existence de cet enfant, je dois donc user de quelques ménagements jusqu'au jour où je la lui révélerai ; que Marita ignore donc quelque temps encore que je suis son père, et ne me présentez à elle qu'en qualité d'un de vos amis.

— Pourquoi cette feinte, monsieur, qui paralyserait l'expression de votre tendresse? Ah! vous n'avez rien à redouter, comte, car Colombe Marita est aussi discrète que belle.

— Partons alors! reprend M. Destival; et quelques minutes après, lui et Lanturlu, introduits chez Colombe, recevaient de la jeune fille le plus gracieux accueil.

— Colombe, voici monsieur le comte Destival, que je te présente, fait Lanturlu.

— Monsieur le comte chez moi! Qui peut me mériter un tel honneur? répond la jeune fille en saluant, et dont tous les traits expriment la surprise.

— Monsieur le comte vient te faire entendre le consentement irrévocable qu'il donne à l'union de Jasme avec sa nièce.

— Ah! monsieur, quelle générosité! que de reconnaissance! s'écrie Colombe, heureuse.

— Plus encore, enfant, car ce n'est pas assez que de remercier monsieur, c'est dans ses bras que tu dois tomber, dans ses bras qu'il te tend.

— Je ne comprends pas, fait Colombe, inquiète, en fixant tour à tour le comte, qui la dévore des yeux, lui sourit, ainsi qu'à Lanturlu.

— Colombe! Colombe! je suis ton père! dit M. Destival.

— Vous, mon père, monsieur! s'écrie Colombe tremblante.

— Oui, mon enfant, je suis ton père... Ah! n'hésite pas, Colombe, à venir en recevoir l'assurance sur mon sein, sur mon cœur!

Et Colombe, entraînée par un doux instinct, un tendre sentiment, tombe aux genoux du comte, qui la relève, la presse dans ses bras et la comble des plus vives caresses.

— Ah! vous ne m'avez pas trompé, Saint-Leu, oui, ma fille est belle et digne de toute ma tendresse, dit le comte.

— Au nom du ciel! expliquez-moi! fait entendre Colombe surprise.

Et tous trois s'asseyent; puis le comte, prenant la parole, instruit sa fille des circonstances de sa naissance.

— Ainsi, vous êtes mon oncle, mon ami? Je ne m'étonne plus de toute l'amitié que je ressentais pour vous, dit à Lanturlu Colombe, après avoir écouté.

Force joie et tendresse, puis un long entretien, et M. Destival, après la promesse faite de revenir bientôt, quitte Colombe, pour rentrer à son hôtel, ou, afin de tenir l'engagement qu'il a pris avec Lanturlu et Colombe, qui, elle aussi, a plaidé pour Jasme, il s'empresse d'écrire à Dastrel que, des circonstances majeures et imprévues le forçant de remplir la promesse première qu'il a faite à Jasme, il n'ait plus à compter sur sa nièce.

Dastrel, en recevant cette lettre, éprouve autant de surprise que d'inquiétude; aussi s'empresse-t-il de courir chez Mylord Darbil, et de lui communiquer le contenu de la missive, en lui peignant son dépit et tout ce qu'a d'humiliant la préférence qu'on accorde sur lui, à un homme de basse extraction.

— Goddam! le comte, lui être une grosse girouette, et vous épouser le petit miss Florence, en dépit de tout! fait entendre l'Anglais en frappant du pied.

— Oh! vous avez beau dire, mylord, nous avons perdu la partie, et Jasme l'emporte, reprend Dastrel avec dépit.

— Jasme! moi vouloir faire chasser lui tout de suite.

— Mais comment? par quel moyen?

— En menaçant le petit Jasme et le Lanturlu de divulguer un secret important, dont la connaissance perdrait eux beaucoup fort près du comte Destival.

— Et vous connaissez ce secret? s'informe Dastrel avec surprise.

— Yes!

— Et ne puis-je, à mon tour, le savoir? demande encore le jeune homme.

— No, cela être trop important pour en propager la connaissance.

— Ainsi, vous êtes persuadé, mylord, que cette simple menace suffira pour détruire les prétentions de Jasme et le forcer de renoncer à Florence?

— Yes! yes! tout de suite.

— Faites donc, mylord, et hâtez-vous, répond Dastrel avec impatience.

L'Anglais prend congé du jeune homme, chemine pensif et rêveur, puis, se ravisant et rebroussant chemin, il regagne et prend une rue qu'il avait dépassée, marche longtemps, et, après avoir atteint le quartier Saint-Denis, pénètre dans une maison, franchit trois étages et frappe à une porte sur laquelle une plaque de cuivre porte cette inscription: *Cabinet d'affaires*. Un petit homme, jaune et sec, vient ouvrir, et, reconnaissant le lord, le salue en souriant et avec respect.

— Sa grâce, sandis, vient sans doute s'informer des résultats de l'affaire, dont elle a daigné mé charger, dit Flouac, car c'était lui, en introduisant le visiteur dans son cabinet, après lui avoir fait traverser une antichambre obscure, dans laquelle trois ou quatre scribes sont occupés à barbouiller du papier timbré.

— No, moi pas venir pour ce affaire, mais pour une autre.

— Asseyez-vous donc, mylord... Au fait, vous né pouvez mieux faire qué dé mé donner votre confiance entière; moi, avocat depuis quinze ans, et d'une morale exquise... Voyons, dé quoi s'agit-il, mylord, jé vous écoute.

— De écrire sous mon dictée, ce que moi va dire à vous.

— Ah! je comprends, une donation...

— No! autre chose.

— Un mémoire?...

— No! goddam, vous êtes beaucoup fort

curieux, vous écrire à l'instant même une lettre anonyme.

— Ah! fort bien, je comprends.

— Vous y être?

— Oui, mylord, répond Flouac armé d'une plume et l'oreille aux écoutes. L'Anglais a dicté, et la lettre pliée il s'en empare.

— Mylord, ne faut-il pas mettre l'adresse? s'informe le Gascon.

— No, ceci regarder moi tout seul, vous pas savoir à qui moi écrire.

— Comme il vous plaira, mylord... A propos, mylord, avez-vous daigné vous ressouvenir dé certaine pétite démande que j'ai adressée à vous?

— No, pas du tout; de quoi être question?....

— D'uné toute pétite note dé déboursés qué jé priais votré grâce dé vouloir bien acquitter, reprend Flouac d'un ton piteux et en courbant l'épine dorsale le plus humblement possible.

— Vous êtes une drôle, une polissonne ! Moi avoir donné beaucoup de argent d'avance, et ne rien avoir encore terminé pour moi, répond l'Anglais avec colère.

— Cependant, mylord...

—Vous êtes une coquine, entendez-vous ? moi défendre à vous de faire le affaire et de se présenter à moi, ou donner à vous force coups de bâton ! Vous entendre, je pense ?...

— Oui, mylord ; cependant, sandis !...

— Silence ! ou moi commencer tout de suite le correction ! Cela dit, et accompagné d'un geste significatif, mylord Darbil se retire, laissant Flouac interdit et mécontent, puis il se dirige à travers plusieurs rues, entre dans l'échope d'un écrivain, auquel il commande de mettre la suscription qu'il va lui dicter, sur la lettre écrite par Flouac, laquelle lettre il s'empresse ensuite de jeter à la poste.

La journée se passe, puis la nuit, et sur le matin Jasme, heureux de la réception qu'il avait reçue, la veille au soir, du comte et de sa famille, au comble du bonheur et certain d'être sous peu l'époux envié de Florence, Jasme donc, après avoir quitté sa chambre, se précipita dans celle de Lanturlu, qu'il trouva encore au lit, afin de lui raconter ses succès, et lui faire part de son ivresse.

Depuis une demi-heure, le père et le fils causaient intimement, lorsqu'un domestique vint les interrompre pour annoncer qu'une dame désirait leur parler au plus tôt, et qu'elle les attendait au salon.

Lanturlu se hâte donc de s'habiller, et, avec Jasme, se rend aussitôt près de la visiteuse, dans qui, à leur grande surprise, ils reconnaissent la comtesse Destival; mais la comtesse, pâle, tremblante et dont le regard exprime la tristesse et le mécontentement.

— Ah, madame, quelle heureuse surprise! fait Lanturlu en saluant.

— Ma mère! fait aussi Jasme, en baisant, avec respect et bonheur, la main de la comtesse.

— Asseyons-nous, messieurs, et entendez-moi, dit madame Destival, d'un ton bref, en prenant place sur un divan.

— Nous sommes à vos ordres, madame, parlez?

— Saint-Leu, reprend la comtesse en fixant ce premier avec sévérité, avez-vous eu l'audace indélicate de trahir jamais le secret d'une pauvre femme!

— Jamais, madame, pas même à son fils, répond Lanturlu.

— Jurez-le, Saint-Leu, et que Dieu vous entende!

— J'en fais le serment devant celui que vous venez d'invoquer!... Mais, pourquoi cette demande, madame?

— Pourquoi, monsieur? C'est que je suis la plus malheureuse des femmes, c'est que ce secret funeste que vous et moi devions seuls connaître, eh bien! un autre le possède aussi.

— C'est impossible! s'écrie Lanturlu.

— Lisez donc cette lettre anonyme, que j'ai reçue ce matin, reprend la dame en remettant la lettre à Lanturlu, qui, avec autant de surprise que d'effroi, y lit ces mots :

« Je fais défense à Amélie de Montbrisson, jadis la maîtresse du comédien de Tours, d'unir l'enfant né de leurs amours secrètes, à la nièce du comte son mari; si ce mariage se faisait malgré cet avis, l'époux outragé, celui qui, croyant épouser une fille vertueuse, n'épousa que la maîtresse délaissée d'un saltimbanque, serait aussitôt instruit de ce honteux secret. Or, que la comtesse choisisse donc, de renoncer à l'union qu'envie son fils, ou du mépris et de la colère de son époux. »

Un inconnu.

— Fatalité ! ma vie entière pour connaître l'auteur de cet insolent écrit ! s'écrie Lanturlu au désespoir, en se levant vivement.

— Mon Dieu ! qui donc a trahi ma mère ? fait aussi Jasme, hors de lui.

— Oh ! ce n'est pas moi ! ce n'est pas moi ! que ma conduite, mon long repentir, mon amour paternel en soit un sûr garant, madame ! dit Lanturlu, en tombant aux genoux de la comtesse, dont les yeux versent un torrent de larmes.

— Je vous crois, Saint-Leu ; et, cependant, rappelez-vous si dans un temps reculé, il ne serait pas échappé de votre bouche, et malgré vous, quelques paroles imprudentes? interroge la comtesse.

—Jamais! jamais! s'écrie Lanturlu, après s'être tenu le front, comme pour rappeler ses souvenirs.

— Mais qui donc alors a pu instruire d'un tel mystère l'auteur de cet écrit anonyme?... dit Jasme.

— Cet écrit! cet écrit! Ah! malheur à celui qui l'écrivit ou le dicta, car il me faut sa vie, il faut qu'avec lui ce secret fatal descende au tombeau! fait entendre Lanturlu.

— A moi aussi, mon père, de découvrir cet ennemi de notre repos, et de l'anéantir.

— Hélas! que faire? comment éviter l'exécution de cette horrible menace? soupire la comtesse douloureusement.

— Ah! madame, votre honneur ne m'est-il pas plus cher que tout au monde? Oui, dès ce jour, pour vous, pour votre repos, je renonce à la possession de Florence, au bonheur! s'écrie Jasme aux pieds de sa mère.

— Cher enfant! quoi, tu serais capable d'un tel sacrifice? fait la comtesse avec admiration, et en caressant la tête du jeune homme, qu'elle presse sur son sein.

— Bien, mon enfant! Dieu te tiendra compte de cette noble action, dit Lanturlu, en tendant les bras à son fils, qui quitte ceux de sa mère pour s'y précipiter en larmes, ce que voyant la comtesse fait qu'elle s'écrie :

— Jasme, mon cher fils! mais c'est ta vie, ton suprême bonheur que tu me sacrifies généreusement; dois-je accepter!... Non, non! car c'est à moi de mourir pour te rendre heureux.

— Mourir, madame! Jasme, sans vous, serait-il heureux? Quand même, la délation ne serait-elle pas là encore pour faire de lui une seconde victime? Ah! songez à votre réputation, acceptez ce sacrifice filial; vivez, vivez! pour être chérie de votre enfant.

Une grande partie de la journée dura ce noble combat et sensible entretien, et le soir du même jour Lanturlu, triste, et les yeux humides de larmes, faisait demander au comte Destival un instant d'entretien.

— Toujours empressé du bonheur de son fils chéri, déjà Saint-Leu vient près de moi pour en hâter l'instant, dit le comte, souriant à Lanturlu en le voyant entrer dans son cabinet.

— Vous faites erreur, monsieur le comte; car, au contraire, Saint-Leu vient vous rendre votre parole.

— Plaît-il? fait le noble avec surprise.

— J'ai mûrement réfléchi, monsieur le comte, et, examen fait, je me suis aperçu qu'il y avait peu de générosité, cruauté même, à exiger un sacrifice aussi grand que celui d'une union entre votre nièce et mon fils, en échange du service que je vous ai rendu.

— Saint-Leu, vous ne dites pas la vérité; une raison plus forte, indépendante de votre volonté, vous force de renoncer en ce jour à un mariage que vous et votre fils avez tant désiré; non, vous ne me ferez pas accroire que, de sang-froid et par un vain scrupule, vous consentez à faire le malheur de votre enfant, dit le comte, en s'efforçant de réprimer la joie que lui occasionne le refus de Lanturlu, dont cependant il tient à connaître la cause.

— Comte, mon fils sait et approuve la démarche que je fais près de vous en ce moment.

— La vérité! pour Dieu! la vérité! s'écrie le comte.

— Mon fils fait, en ma faveur, le sacrifice de son amour, parce qu'il souffrirait de voir son père exclu de vos salons en qualité d'ancien espion, clause imposé par vous, monsieur le comte ; plus, Jasme appréhende en sa faveur la morgue, les épithètes désobligeantes du grand monde, où le lancerait une alliance avec votre famille, lui, enfant illégitime, dont la nécessité fit un mauvais comédien.

— Vous n'arrivez point encore au but, Saint-Leu ; mais je me contente des excuses que vous venez de me faire entendre ; je reprends ma parole, mais à la condition que vous me permettrez d'offrir à votre fils une preuve de mon estime, de la reconnaissance que je dois à son père pour m'avoir rendu ma fille... Tenez, Saint-Leu, remettez-lui ceci de ma part.

— Qu'est cela? monsieur le comte.

— Cinquante mille francs en billets de banque.

— Que vous me permettrez, à mon tour, de refuser, monsieur, répond Lanturlu, en repoussant la liasse que lui présentait le noble.

— Parlez-vous sérieusement, Saint-Leu? reprend le comte avec surprise.

—Très-sérieusement, monsieur le comte ; oui, gardez votre argent, car je ne vends plus mes services, mais en échange, rendez-moi l'estime que m'a fait perdre à vos yeux ce maudit emploi, dont m'avait affublé le duc de *** à la cour de notre souverain.

— Touchez là, Saint-Leu, car je ne vois plus en vous qu'un bon père, un ami noble et désintéressé, repond le comte en présentant sa main, que Lanturlu presse avec reconnaissance.

Quelques instants encore, et le comte

Destival, étant seul, s'écriait avec joie, en se frottant les mains : Quel bonheur pour moi, d'être enfin débarrassé de ces aventuriers !

CHAPITRE IX.

On cherche souvent bien loin le bonheur que l'on a près de soi.

Conclusion.

Un mois entier s'est écoulé depuis le jour où la comtesse a reçu la fatale lettre anonyme, depuis que Lanturlu a rendu à M. Destival l'heureuse promesse qui devait faire le bonheur de Jasme, depuis que toutes visites et rapports ont cessé entre Lanturlu, son fils et la famille du noble comte. Sachons donc maintenant où en sont nos héros, et avant, ce qui s'est passé chez eux durant ce laps de temps :

Florence, incrédule d'abord en apprenant que Jasme renonçait de son plein gré à sa main, n'a pu retenir ses larmes abondantes et son juste dépit ; la lecture de la lettre que lui a écrite l'infidèle a pu seule la convaincre, lettre dans laquelle Jasme lui adressait un éternel adieu, où il lui rendait ses serments et la priait de l'oublier, de lui pardonner, lettre remise par la comtesse, d'une main tremblante, à la pauvre jeune fille, qui, certaine de son malheur, tomba subitement dans un profond accablement. Mad. Destival, témoin de tant de douleur, pleurant sur son fils, sur Florence, et tremblante sur son honneur, sur son secret, appelait la mort en silence. Le comte, libre désormais de marier sa nièce à Lucien Dastrel, dont il ambitionnait l'alliance, a rappelé le jeune homme, qu'il a une seconde fois présenté à Florence en qualité de futur époux, sans tenir compte à la jeune fille de la douleur qui l'accablait alors. Lanturlu, qui a juré de découvrir l'auteur de la lettre, est tombé dans une profonde rêverie, et a partagé son temps entre les recherches et les soins qu'il doit à Jasme. Jasme, que le chagrin a rendu dangereusement malade, et que Colombe a fait amener chez elle, afin de mieux lui prodiguer ses soins et ses veilles; cela malgré les observations du comte, qui, envieux de ne plus entendre parler de Jasme, jaloux de l'amitié que la jeune prima-donna ressentait pour le père et le fils, avait exprimé le désir de voir Colombe rompre avec eux.

— Rompre avec eux! jamais! mais bien

vivre pour aimer et soigner un frère en mon Jasme, un ami, un protecteur dans son père, avait répondu Colombe aux paroles du comte.

Plus, M. Destival exigeait encore de sa fille qu'elle quittât le théâtre, lui promettant un riche avenir, un mariage honorable; et la jeune fille, idolâtre de son art, avait encore fait entendre un refus, quoiqu'en assurant le comte de tout son amour et de tout son respect, mais en le priant de la laisser à son indépendance, à son état, à ses succès, consentant à renoncer, en faveur de ces goûts chéris, à la naissance, à l'honneur d'une noble alliance, prière à laquelle la fierté du noble comte n'avait cédé que forcément, ne pouvant employer la contrainte, n'ayant pour tous droits sur Colombe, que ceux que le cœur de la jeune fille consentait à lui accorder.

Mylord Darbil, toujours plus amoureux de Colombe, enchanté de la réussite d'une intrigue qui l'a débarrassé, dans Lucien Dastrel, d'un rival dangereux; mylord Darbil, dont chacun ignorait les menées perfides, hors Lucien et le comte Destival, partie intéressée, a continué ses assiduités près de Colombe, dont il veut à tout prix se faire l'amant et même l'époux; c'est donc chez la jeune fille qu'il se présente un matin encore pour exprimer son amour et renouveler ses offres de mariage et de fortune, chez la jeune fille, qui, fatiguée de son éternel hommage, et sans pouvoir s'en rendre compte, a conçu pour lui, depuis quelque temps, une secrète aversion, l'accueille froidement, et se plaint de ce que ses visites matinales l'arrachent au chevet de son cher malade, dont le retour à la santé se fait encore et beaucoup trop attendre.

—Pardon, miss, mais je étais si empressé de voir vous.

— Toujours pour m'entretenir d'une passion que je ne puis partager, moi, pauvre fille abandonnée, dont le cœur est encore froissé par l'ingratitude, répond Colombe avec impatience et tristesse.

— Yes, le petit Lucien; mais vous, oublier lui, qui oublie vous pour le petite Florence; ce garçon être infiniment beaucoup perfide, et marier lui à la nièce du comte Destival, dans six jours.

— Dans six jours! dites-vous, mylord? L'infâme! non-seulement, il me trahit, mais encore c'est la femme qu'aime Jasme, mon frère et son bienfaiteur, qu'il convoite et épouse! s'écrie douloureusement Colombe.

— Ah! dites donc à moi, si cela être vrai, que le petite Jasme avoir refusé le petite Florence pour le femme à lui?

— Oui, mylord!

— Oh! oh! pourquoi cela, miss?...

— C'est le secret de mon frère, mylord.

— Tout ce monde ne pas être sensible et fidèle comme moi, qui adore vous depuis trois ans, miss.

— Mylord, encore une fois, votre hommage m'honore, mais j'en refuse le don.

— Goddam! pourquoi ce caprice, lorsque moi offrir d'être le époux à vous? Je emmènerai vous dans le Angleterre, et ferai vous une brillante mylady?

— En ce que mon cœur, brisé par l'inconstance, ne veut et ne doit plus aimer, et que, ne pouvant payer de mon amour le généreux sacrifice que vous m'offrez, je dois le refuser, répond Colombe avec dignité.

— Miss, vous désespérer moi beaucoup fort, et moi enlever vous, si vous refuser encore d'être le femme à moi!

— Folie, mylord! et, loin de prétendre pousser la chose à l'extrême, remerciez la femme généreuse et prudente qui, par une sage résistance, vous empêche de faire une sottise dont vous auriez bientôt à vous repentir.

— Cela être impossible, miss!

— Mylord, la possession tue le désir et amène vite le regret, répond Colombe en s'efforçant de sourire.

Quelques instants encore d'entretien, et l'Anglais se retire d'assez mauvaise humeur, jurant entre ses dents contre la résistance de Colombe, mais espérant plus de succès près d'elle lorsque le mariage de Lucien avec la nièce du comte Destival aura ravi à la cruelle tout espoir de ramener l'infidèle.

Il n'y avait qu'un instant que mylord Darbil avait quitté Colombe, lorsque le comte Destival, le front soucieux, se présenta chez la jeune fille, et, entrant au salon, se laissa tomber sur un siége en poussant un profond soupir. Colombe, appelée, se présente à son père, et, remarquant aussitôt l'altération de ses traits, s'informe de la cause avec intérêt, en pressant dans les siennes les mains du comte.

— Ma nièce m'est ravie, si elle ne devient l'épouse de Jasme ; chaque jour, chaque instant, son mal redouble ; loin de moi alors orgueil et scrupule, vaines considérations, j'oublie tout pour sauver l'enfant qu'en mourant, confia à mes soins le meilleur des frères. Colombe, où est Jasme ? qu'il vienne, qu'il soit mon neveu, l'époux de Florence !

— Hélas ! avez-vous oublié, monsieur, que Jasme, se jugeant indigne de votre alliance, y a renoncé de lui-même?

—Oui, son cœur, noble et généreux, s'est

révolté à l'idée d'entrer dans une famille qui d'abord l'avait repoussé, car Jasme connaissait la répugnance que m'inspirait cet hymen ; mais aujourd'hui, c'est moi qui viens lui offrir la main de Florence, le supplier de l'accepter, et de rendre la vie à celle qu'il aime ! répond le comte avec feu.

— Monsieur le comte, n'espérez pas ; car Jasme a renoncé pour toujours à la main de celle qu'il aima, dit tristement Colombe, initiée dans les secrets du jeune homme, et maudissant le sort qui mettait obstacle à son bonheur.

— Tu te trompes, ma fille, Jasme ne peut avoir cessé d'aimer Florence, et, sachant que je la lui accorde sans regret, que son union avec elle est mon plus grand désir, que sans lui, celle qu'il aime n'existe plus ; oh ! alors, tu verras, Colombe, la joie briller dans ses yeux, et cet amant tant chéri voler aux pieds de sa belle!

— Non, mon père, non, n'espérez pas, encore une fois!

— Alors il y a là-dessous quelque mystère que je ne puis comprendre; non! un changement aussi subit n'est point l'effet de la volonté; Jasme, encore une fois, ne peut renoncer ainsi à la possession d'une femme qu'il adore, et c'est près de lui que je veux aller chercher le mot de cette énigme, répond le comte en se levant vivement et se dirigeant vers la pièce où il sait Jasme malade.

— Au nom du ciel! mon père, gardez-vous de rouvrir les blessures d'un malheureux qui s'efforce d'oublier, et auquel votre dangereuse générosité peut donner la mort en ce moment, s'écrie Colombe, en essayant d'arrêter M. Destival, qui, ne tenant compte de cette prière, continue son chemin et pénètre dans la chambre de Jasme, qu'il trouve pâle, amaigri, et étendu sur un grand fauteuil, où il sommeille.

Le bruit qu'a fait le comte en entrant vient d'éveiller le malade, dont les joues, à la vue du visiteur inattendu, se couvrent d'un léger incarnat.

— Monsieur le comte, de grâce ! fait Colombe les mains jointes et d'un regard suppliant.

— Non ! laisse-moi, Colombe ; une semblable démarche ne peut faire que du bien à ce pauvre Jasme... Oui, Jasme, oubliant le refus que tu as fait de ma nièce, mettant tout orgueil de côté, je viens te supplier de l'accepter pour ta femme !

— Ah ! monsieur le comte, pitié pour moi ! soupire le jeune homme tremblant.

— Jasme, une partie de ma fortune sera

la tienne, pour toi j'intercéderai auprès du roi, et te ferai anoblir; plus même, Jasme, je t'adopterai pour mon fils! répond, veux-tu devenir l'époux de Florence, qui t'aime et meurt pour toi?

En écoutant le comte, qui lui pressait les mains avec aménité, Jasme pleurait à chaudes larmes; puis, rappelant toutes ses forces, après un long silence :

— Impossible, monsieur! soupire-t-il.

— Encore un refus! Palsambleu! voilà qui devient impertinent! s'écrie le comte en rougissant de colère; puis, s'armant de patience, il reprend d'une voix douce : Jasme, n'as-tu donc point entendu que Florence t'aime, que ton refus d'en faire ton épouse la fait mourir de désespoir? Jasme, c'est l'état pitoyable où je la vois réduite; c'est pour la conservation de ses jours, qui me sont chers, que le comte Destival vient te supplier...

Encore une fois, veux-tu devenir mon fils, l'époux de Florence?...

— Je veux mourir, monsieur, mourir de douleur et de regret, murmure Jasme en laissant tomber sa tête sur le sein de Colombe, placée près de lui.

— Mon père! mon père! il se meurt! Ah! n'exigez plus rien de lui! s'écrie la jeune fille inquiète et tremblante, en prodiguant ses secours à Jasme, sans connaissance et plus pâle que la mort.

— Non! non! assez de honte et d'abaissement devant cet insolent roturier! Meure la fille de mon frère plutôt que de m'humilier de nouveau à ce point! s'écrie le comte en sortant précipitamment et jetant sur Jasme un regard de colère et de mépris.

C'est chez lui que se fait conduire M. Destival; chez lui, où, en entrant, il se rend chez Florence, près de qui il trouve la comtesse près de Florence, pâle, souffrante et étendue sur un lit.

— Eh bien, mon oncle? interroge la jeune fille.

— Il te refuse positivement; non, rien n'a pu changer sa résolution.

— O ciel! fait Florence, dont les yeux s'inondent de larmes.

— Enfant, il ne s'agit pas de te désespérer pour un ingrat, indigne en tous points de ta tendresse, mais bien de ressaisir ta dignité, d'être fière et courageuse! Oui, Florence, oublie cet homme de rien, cet insolent que tu daignais vouloir élever jusqu'à toi, quoique indigne de tant d'honneur; qu'il sache que le mépris, remplaçant dans ton cœur l'amour qu'il a su t'inspirer, tu donnes, en ce jour, ta main à un autre plus digne que lui de ta possession.

— Oui, mon oncle, je veux suivre vos

conseils, oublier cet ingrat, et prendre pour époux celui que vous m'avez choisi; mon oncle, j'accepte pour mari M. Lucien Dastrel! termine Florence avec force et résignation.

— Pauvre Jasme! que te donnera ta mère en échange d'un aussi grand sacrifice! soupire tout bas la comtesse, que les larmes suffoquent.

— Qu'avez-vous donc? madame! s'informe le comte avec intérêt, en courant près de sa femme, dont il vient d'apercevoir l'agitation et les larmes.

— Hélas! monsieur, la douleur de cette jeune fille!...

— Ma tante, ma chère tante! ne me plaignez plus, car, maintenant, je suis guérie, heureuse, oui, heureuse d'oublier un perfide, un monstre qui s'est joué de ma faiblesse et consent à me laisser mourir! Ma tante, je suis heureuse, j'épouse Lucien Dastrel! s'écrie Florence en tendant ses bras à Mad. Destival, qui vient s'y précipiter et cacher son désespoir dans le sein de la jeune fille.

Six jours après cette scène, Lucien Dastrel conduisait Florence à l'autel et recevait sa main; Florence, qui se disait guérie de son amour, avoir oublié Jasme, et qui, au sortir de l'église, ramenée vivement à l'hôtel du comte Destival, y tomba aussitôt dangereusement malade.

Huit jours encore, Jasme, dont la vie est en danger, Jasme, dont la démarche du comte a augmenté le mal, en augmentant de même l'énormité du sacrifice qu'il faisait à l'honneur de sa mère, Jasme donc ignore le mariage de Florence, dont Colombe et Lanturlu lui ont fait un mystère; nouvelle fatale, éloignée avec soin, et de laquelle la connaissance aurait tué subitement le jeune homme. Au chevet du malade veillent jour et nuit la bonne Colombe, à qui les souffrances de son frère font oublier les siennes, celles, enfin, que lui a causées l'union et la perte du seul être qu'elle ait aimé d'amour, de l'inconstant Lucien; puis Lanturlu, devenu sombre, rêveur, de qui les chagrins de son fils brisent le cœur et l'âme. Il est midi, une voiture entre dans la cour de l'hôtel de la jeune primadonna; une femme en descend, et monte vivement l'escalier; cette femme est Chichotte, qui, toujours amicale, vient, selon sa coutume, s'informer de l'état de Jasme et consoler ses amis.

Cette fois, la danseuse n'a pas cet air souriant, si ordinaire à son visage; et Lanturlu, qui a remarqué ce changement, Lanturlu, reconnaissant de l'intérêt que témoigne Chichotte à son fils, s'informe de la cause d'un changement aussi étrange chez une jeune fille qui, sans cesse joyeuse, lui semble, ce jour, triste et soucieuse.

— Une fichue aventure, mes amis ! Sachez donc que, dupe de ma confiance, je viens de me laisser voler cinquante mille francs par un coquin d'homme d'affaires, à qui j'en ai confié le mandat sans reçu, et qui me les renie aujourd'hui.

— Maladroite ! fait Colombe.

— Et quel est cet homme d'affaires ? s'informe Lanturlu.

— Un drôle de votre connaissance, appelé Flouac.

— Quoi ! c'est ce misérable ? Sa demeure, et je le brise s'il ne te restitue, dit Lanturlu, en se levant spontanément.

— Rue Neuve-Saint-Denis, n. 37, répond Chichotte.

Lanturlu n'en exige pas davantage, et,

recommandant son fils aux soins des deux jeunes filles, il s'éloigne à la hâte, atteint la rue indiquée et se présente chez Flouac.

— Cadédis! c'est cé cher Lanturlu! embrassons-nous, sandis! il y a un siècle qué nous né nous sommes vus! s'écrie le Gascon, seul dans son cabinet, en ouvrant les bras au visiteur.

— Paix à ces démonstrations, misérable! et dis-moi si, divulguant certain secret qui te concerne, je puis t'envoyer ramer aux galères?

— Sandis! ce n'est qué trop vrai; mais pourquoi cette menace, cher ami? répond Flouac, surpris et tremblant.

— Afin d'avoir meilleur marché de ta peau et te rendre moins difficultueux.

— Expliqué-toi donc mieux, sandis! aurais-tu besoin de ma science pour té tirer dé quelqué mauvais pas? dé l'argent à recouvrer, à récévoir, enfin, quelqué procès à me charger, en qualité d'homme d'affaires?

— De l'argent à recevoir, comme tu dis fort bien ; cinquante mille francs à toucher chez toi, de la part de Chichotte, qui t'en a remis le mandat.

— Jé né connais pas, jé n'ai rien reçu, foi d'homme d'affaires! s'écrie Flouac, dont les jambes flagellent en ce moment.

— Allons! terminons la chose à l'amiable, Flouac, et ne me contrains pas, après t'avoir brisé les os, de t'envoyer à Brest ou à Toulon.

— Cadédis! jé né dois rien...

— Paye, te dis-je, ou je ne réponds plus de moi.

— Cependant!...

— Restitue, voleur, ou je t'assomme! fait Lanturlu d'une voix de tonnerre, en levant un bras menaçant, dont la vue fait frémir

Flouac, qui, courant à son bureau, en sort le mandat, qu'il présente à Lanturlu d'une main tremblante.

— C'est heureux! fait Lanturlu en examinant ledit mandat dont il vient de s'emparer; puis, le serrant dans sa poche et fixant le Gascon : Flouac, tu te feras pendre, malheureux, si tu ne renonces à ce penchant décidé pour le bien d'autrui! dit-il.

— Eh, sandis! tu né vois donc pas qué jé badinais, répond Flouac en s'efforçant de sourire et se frottant les mains.

A propos, jé suis doublement enchanté dé té voir, d'abord par l'extrême amitié qué jé té porte, puis en plus, enfin, dé t'adresser une toute pétite réclamation, mon cher.

— Parle, je t'écoute, répond Lanturlu avec insouciance.

— Jé prendrai donc la liberté, mon cher, dé té réclamer ma part dé certain vingt millé francs qué té rémit jadis pour nous trois lé gros Piman, en nous chassant dé chez lui, laquelle somme tu as jugé prudent dé garder pour toi seul.

— La réclamation est juste, et j'y souscris ; mais comme les bons comptes font les bons amis, tu consentiras, avant de recevoir cette part que tu réclames, à régler avec moi nos anciens comptes d'association.

— Cadédis! est-cé qué jé té dois?

— Oh! presque rien, une valeur d'à peu près seize mille francs, seulement.

— Voilà qui est fort surprenant, et qué j'avais tout-à-fait oublié, s'écrie le Gascon.

— Mais dont tu te rappelles parfaitement aujourd'hui.

— Oh! parfaitément! parfaitément!

— Et moi, généreux jusqu'au bout, je te

tiens quitte de cette dette, dont je vais te donner quittance en échange de la tienne, concernant ta part sur les vingt mille francs du sieur Boniface Piman.

— Dé tout mon cœur, sandis! s'écrie Flouac en s'emparant d'une plume et se mettant à tracer la quittance, qu'une fois écrite il présente à Lanturlu.

— Mille dieux! que vois-je, s'écrie Lanturlu, après avoir jeté les yeux sur l'écriture de Flouac.

— Tu vois ma quittance, sandis!

— Misérable! cette écriture est aussi la tienne, reprend Lanturlu, en montrant au Gascon la lettre anonyme que lui a remis la comtesse, et qu'avec empressement il vient d'atteindre de son portefeuille.

— Certainément qué cette écriture est la

mienne, répond Flouac, troublé, et que la peur agite de nouveau en voyant Lanturlu fixer sur lui un regard furieux.

— Flouac, tu es un homme mort si tu ne m'indiques celui qui t'a dicté cette lettre, répond!... répond!...

— Sandis! un de mes clients, mylord Darbil, répond le Gascon.

— Mylord Darbil! Ah! j'aurais dû m'en douter.

Cela dit avec fureur, et en se frappant le front de la main, Lanturlu se lève et quitte précipitamment Flouac, malgré la voix de ce dernier, qui lui réclame sa quittance et le poursuit de ses cris.

—Mylord Darbil? s'informait Lanturlu au concierge de l'hôtel de l'Anglais, après une course rapide.

— Montez, mylord est chez lui.

Et Lanturlu gravit l'escalier, se précipite dans l'appartement de Darbil, qu'il trouve dans son salon et se disposant à sortir.

— Vous, chez moi, mon cher, que voulez-vous à moi?

— Mylord, connaissez-vous cette lettre? dit Lanturlu se contenant avec peine, et mettant l'anonyme sous les yeux de l'Anglais. Ce dernier fixe le papier d'abord avec indifférence, puis, le reconnaissant, il pâlit.

— Eh bien! répondez donc, morbleu!

— Yes! fait le mylord.

— Vous convenez l'avoir dicté à Flouac et adressé à la comtesse?...

— Moi ne pas avoir de compte à rendre à personne, répond mylord Darbil avec fierté.

— Mylord, qui vous a instruit du fatal secret que renferme cette lettre? reprend

Lanturlu frémissant de rage, et se contenant à peine.

— Encore une fois, moi ne vouloir rien dire à vous.

— Parlez, mylord, ou je vous tue à l'instant même.

— Malheureux ! moi faire à l'instant chasser vous par mes serviteurs.

— Mylord, vous êtes maître d'un secret que je dois avec vous enfouir dans la tombe, d'un secret qui tue une femme vertueuse, d'un secret dont mon fils et moi avons acheté le silence du bonheur de toute notre vie; or, mylord, vous voyez bien que celui qui s'en est fait une arme contre nous, ne peut exister davantage.

— Vous être fou ! et la comtesse une imprudente de révéler tout haut les affaires à elle.

— Mylord, c'est le repos d'une famille entière que je veux assurer. Au nom du ciel! nommez-moi celui qui, ayant surpris le secret d'une pauvre femme, a eu la bassesse de vous le révéler.

— Ce être moi, qui ai entendu la comtesse derrière son porte, parler au petit Jasme.

— Mylord, il faut nous battre à l'instant même.

— Moi, mylord, ne pas se battre avec un comédien, un espion, répond l'Anglais avec sang-froid.

— Préférez-vous, mylord, que le comédien, l'espion, vous assassine, car je suis capable de tout pour assurer le secret que vous avez lâchement surpris.

— Goddam! moi faire mourir vous sous le bâton! s'écrie le lord devenu furieux à son tour.

— Mylord Darbil, voilà comme je stimule le poltron qui refuse de se mesurer avec moi!

Cela disant, Lanturlu appliquait un violent soufflet sur la joue de l'Anglais, qui, hors de lui, court à un meuble, en sort deux pistolets et en présente un à Lanturlu, qui l'accepte; les champions s'ajustent, les coups partent, et les deux adversaires tombent noyés dans leur sang; l'Anglais sans vie, Lanturlu blessé à mort. Une heure après, Lanturlu expirait dans les bras de Colombe, accourue à la fatale nouvelle chez mylord Darbil, mais après avoir, d'une voix éteinte, chargé la jeune fille d'assurer la comtesse Destival qu'il mourait pour elle, après avoir anéanti dans mylord Darbil l'auteur de la lettre anonyme et l'écouteur aux portes.

Deux mois encore, et, sans avoir quitté le

lit de douleur, où on la déposa au retour de son union, Florence rendit le dernier soupir dans les bras de la comtesse. Lucien Dastrel, que cette perte dépouillait de la fortune que lui avait apportée une épouse morte vierge, perdit en plus sa place au retour de l'empereur, et rendit l'âme à Waterloo en combattant dans les rangs ennemis contre sa patrie.

Un an après, lorsque le temps eut adouci la douleur, tari les larmes que la mort de Lanturlu et celle de Florence avaient coûtées à Jasme et à Colombe, la comtesse Destival, veuve depuis trois mois, à qui son époux avait avoué en mourant Colombe pour être sa fille, en la recommandant à ses soins, la comtesse donc appela près d'elle, et sur son sein, un fils chéri et sa fidèle compagne. Tous trois quittèrent Paris pour aller habiter ensemble en Touraine, près de Jassy, le château de Montbrisson, héritage paternel de la comtesse, et là, un jour, en se fixant avec tendresse et se pressant les mains en présence de Mad. Destival :

— Colombe, dit Jasme, tu fus toujours belle, vertueuse, et ma fidèle amie; moi, je fus toujours cher à ton cœur : pourquoi donc, en nous convenant si bien, et faits l'un pour l'autre, avons-nous puisé des chagrins dans d'autres amours ?

— Jasme, c'est qu'il est d'usage aux pauvres mortels de chercher bien loin un bonheur que souvent ils ont près d'eux, répond Colombe en rougissant.

— Colombe, pardonne-moi cette erreur, et consens à devenir mon épouse chérie!

— A toi pour la vie mon amour et mon cœur! s'écrie Colombe en tombant dans les bras de Jasme.

NAPOLÉON ET LE PEUPLE, Un beau vol. in-18, jésus vélin, contenant la matière de 2 vol. in-8°. Prix : 3 fr. 50 c.

ALFRED, Roman nouveau, par le duc **D'ABRANTÈS.**

MARIEZ-VOUS ! par Victor ROUSSI.

Une Tête mise à Prix, par DINOCOURT.

le marchand de contremarques, par M. PERRIN.

LE CONDUCTEUR D'OMNIBUS, par le même.

LA PERMISSION DE DIX HEURES, par le même.

LA VERTU D'UNE GRISETTE, par KELLER et SALTRET.

FRÉDÉRIC ET LEONIE, par A. DUVAL.

Paris. — Imprimerie de Tanera, rue Madame, 50

www.ingramcontent.com/pod-product-compliance
Lightning Source LLC
Chambersburg PA
CBHW071521160426
43196CB00010B/1606